中国经济
文库
应用经济学精品系列

中国经济文库 · 应用经济学精品系列（二）

· 基金项目：广西一流学科（培育）建设项目
（桂教科研〔2018〕12 号）：百色学院马克思主义理论
一流学科（培育）资助

欧阳天治◎著

中国—东盟建立货币联盟研究

ZhongGuo-DongMeng JianLi
HuoBi LianMeng YanJiu

中国经济出版社
CHINA ECONOMIC PUBLISHING HOUSE
北 京

图书在版编目（CIP）数据

中国—东盟建立货币联盟研究 / 欧阳天治著. -- 北京：中国经济出版社，2021.11

ISBN 978-7-5136-6705-0

Ⅰ. ①中… Ⅱ. ①欧… Ⅲ. ①国际货币体系-研究-中国、东南亚国家联盟 Ⅳ. ①F821.1

中国版本图书馆 CIP 数据核字（2021）第 212929 号

责任编辑　彭　欣
责任印制　巢新强
封面设计　华子图文

出版发行　中国经济出版社
印 刷 者　北京艾普海德印刷有限公司
经 销 者　各地新华书店
开　　本　710mm×1000mm　1/16
印　　张　15.75
字　　数　202 千字
版　　次　2021 年 11 月第 1 版
印　　次　2021 年 11 月第 1 次
定　　价　88.00 元
广告经营许可证　京西工商广字第 8179 号

中国经济出版社 **网址** www.economyph.com **社址** 北京市东城区安定门外大街 58 号 **邮编** 100011
本版图书如存在印装质量问题，请与本社销售中心联系调换（联系电话：010-57512564）

前言

自蒙代尔（Mundell，1961）创立最优货币区理论以来，区域货币一体化理论和实践不断深入。1999年1月1日，欧元正式使用，形成使用单一货币的欧元区，使最优货币区理论变为现实。欧元的使用促进了欧元区经济的发展。2010年1月1日，中国和东盟建立了自由贸易区，即中国—东盟自由贸易区（China - ASEAN Free Trade Area，CAFTA）。这是中国同东盟10国建立的“10 + 1”自由贸易区，为地区货币合作提供了条件。本书研究认为，中国和东盟应该在贸易和投资一体化的基础上构建货币合作框架，并逐步推动货币一体化，最终建立货币联盟。

本书研究内容主要聚焦在以下几个方面。第一，通过相关文献综述分析最优货币区理论及其发展，并对欧元区及其他地区建立的货币联盟进行理论和实证方面的研究，为中国—东盟建立货币联盟提供了理论和实证支持。第二，在分析中国—东盟自由贸易区建立后的贸易、投资和货币合作现状的基础上，提出自自由贸易区建立以来，随着区域内贸易和投资的不断增加，中国和东盟各国在经济和金融领域的合作进程进一步加快，自由贸易区需要协调宏观经济政策，深化区域内各国货币在金融领域的协调与合作。第三，比较分析了中国和东盟国家关于银行、证券资本市场和金融发展水平方面的差异，认为与欧洲联盟相比，中国和东盟各国的历史和文化背景、政治经济制度都存在较大差异，各成员国的经济制度、经济结构和经济发展水平也存在巨大差距，中国—东盟货币一体化尚处于起步阶段。但是，随着自由贸易区的建立，中国和东盟国家的货币金融合作不断深化，已经为建立货币联盟创造了初步条件。第四，分析了中国—东盟建立货币联盟的成本和收益，主要包括以下两个方面。①通过中国和东盟国家与美国的产出和价格谐动分析，对中国和东盟国家建立货币联盟的成本和收益进行了实证分析。分析表明，中国和东盟各国产出和价格波动的相似性比较高，因此适合组成货币联盟。②通过比较中国和东盟各国的平均通货膨胀、通货膨胀的波动水平、价格和产出谐动水平，分析中国和东盟如果组成货币联盟应如何选择锚货币的问题。分析表明，在中国和东盟建立货币联盟的过程中，各国钉住的锚货币应该首选新加坡元，次选人民币。第五，应用最优货币区（OCA）指数将建立货币联盟的各种因素综合起来，从总体角度分析中国和东盟国家是否适合建立一个使用单一货币的货币联盟。通过利用经济规模、贸易开放度、金融发展程度、通货膨胀的差异性四个指标与汇率波动进行回归计算，得出 OCA 指数，并进一步对 OCA 指数进行了聚类分析，结果可以将中国和东盟国家分为四类：新加坡、老挝、印度尼西亚一类；中国、泰国、文莱、菲律宾、缅甸一类；越南、柬埔寨一类；马来西亚单独一类。而且，每一类国家都具有高度的相似性。将聚类分析结果与产出和价格谐动分析结果相结合，中国和东盟建立货币联盟可以按下面的步骤进行。首先，经济发展较好的新加坡、中国、文莱、菲律宾、印度尼西亚应最先考虑建立货币联盟，之后再与其他国家组成货币联盟。由于 OCA 指数与产出和价格谐动分析结果类似，因此表明新加坡的货币在区域内是最稳定的货币。其次，中国的货币可以作为建立货币联盟的锚货币来替代现在大多数国家盯住的美元。第六，在对中国和东盟建立货币联盟成本和收益分析的基础上，结合欧元区的经验提出当中国和东盟建立货币联盟时可以选择的几种模式，并且探讨了在建立货币联盟过程中，中国作为地区大国应如何发挥主导作用。第七，提出在中国—东盟货币合作过程中，货币政策和财政政策协调的建议。

本书的创新主要有以下几个方面。第一，在进行宏观分析的同时，对建立最优货币区的微观基础也进行了探讨。第二，结合中国和东盟货币合作的现状及存在的问题，应用现代最优货币区理论对中国和东盟建立货币联盟的成本及收益进行了分析；结合中国和东盟国家的特点，分析了建立货币联盟的可行性。第三，针对中国和东盟国家的特点，提出建立货币联盟的途径以及中国在建立货币联盟过程中如何发挥主导作用的对策和建议。第四，结合欧元区在货币与财政政策协调方面的经验和教训，对中国和东盟在建立货币联盟过程中的货币与财政政策的协调做出前瞻性分析。

感谢中央财经大学经济学院张铁刚教授的指导和建议，感谢我的母亲和家人对我的支持。

目　录

第一章
导　言

20世纪90年代以来全球经济贸易高速发展，国家、地区之间的贸易壁垒逐渐减少，合作共赢成为发展的核心内容。当今世界的社会经济形势瞬息万变，国家、地区之间加强联系，合作并进，使经济货币合作及一体化成为区域发展的必然趋势。1999年1月1日，欧元的统一使用使欧洲货币一体化得以实现，促进了欧元区经济的发展。2010年1月1日，中国一东盟自由贸易区的建立，为地区贸易和货币的合作提供了有力条件。

第一节　选题的理论意义与现实价值

中国—东盟自由贸易区（CAFTA）是中国同东盟10国建立的“10+1”自由贸易区。其不仅是东盟作为整体与外国建立的第一个自由贸易区，也是中国对外建立的第一个自由贸易区，是中国与东盟之间一次革新性的尝试。该自由贸易区覆盖了1300万平方千米，是发展中国家最大的自由贸易区。1997年，中国同东盟国家一起经历了亚洲金融危机，使双方更加深刻认识到：只有彼此加强合作，实现经济一体化，才能形成强大的合作效应，从而在全球一体化的发展趋势下得到发展。

2002年11月4日，中国同东盟10国就经济合作方式签订了《中国—东盟全面经济合作框架协议》，协议的签署为中国—东盟自由贸易区的建立奠定了坚实的基础。2004年11月29日，中国与东盟10国签署《中国—东盟全面经济合作框架协议货物贸易协议》，对7000多种税目降低税率，并从2005年7月开始执行。2007年1月，中国与东盟10国签署《服务贸易协议》，开放60多个服务部门，极大地提升了本地区的开放水平。2009年8月15日，中国与东盟10国就自由贸易区的相关内容达成一致，签署了《中国—东盟自贸区投资协议》。历经近10年，2010年1月1日，中国—东盟自由贸易区正式建成，为双方发展勾勒出新的蓝图。

相关数据显示，自由贸易区零关税的实施对促进中国和东盟的双边贸易起到了积极作用。2010年，中国同东盟的双边贸易金额上升到2928亿美元，环比增长37.5%，创下双方建立对话关系以来相互贸易的最高点。

其中，中国对东盟的出口额达到1382亿美元，较2009年增长30.1%；东盟对中国的出口额达到1546亿美元，较2009年增长44.8%。[①]双方均受益匪浅，中国与东盟的贸易在中国对外贸易中所占比重更是在2010年达到10%，双方联系愈加紧密。数据显示，东盟已经成为中国第四大贸易合作伙伴，在中国进口货物市场排名第三位，在中国出口货物市场排名第四位。同时，中国也是东盟对外贸易额最多的国家之一，2009年中国成为东盟第二大贸易伙伴。中国—东盟自由贸易区加强了双边贸易联系，彼此互相渗透，使各自成为对方贸易方面不可或缺的合作伙伴。

中国与东盟虽然在货物贸易上相互依存，但是在服务贸易上还存在很大的合作空间。双边服务贸易内容主要集中在旅游、教育、建筑等领域，附加价值高的产业合作却很少，如金融业、咨询服务业。2008年，中国与东盟双边服务贸易总额仅233亿美元，相当于当年双边货物贸易总额的10%。中国与东盟的服务贸易市场开拓空间很大，有待双方进一步合作。

中国和东盟的直接投资极大地推动了双边贸易的快速发展。2003年中国对东盟直接投资只有2.3亿美元，到2009年增加到30亿美元；同时，2003年东盟对中国直接投资为29.3亿美元，到2009年增加到46.8亿美元，增幅达50%以上。[②]可见，自由贸易区全面建成后，随着投资环境的不断改善，投资壁垒的降低，东盟对中国的进一步开放，双边投资规模大增，双边货物贸易势必迅猛发展。

中国—东盟自由贸易区随着货物贸易和服务贸易的高速增长，相应地，区域货币金融合作也在不断加深。截至2008年底，东盟有6个成员国与中国签订货币互换协议，降低了对美元的依赖，这样不仅减少了双边贸易参与者因汇率波动带来的汇率风险，同时贸易效率也得到很大的提

① 中国贸易外经统计年鉴2011[M/OL]. 商务部网站 www.mofcom.gov.cn.

② 自贸区建设推动中国与东盟相互投资增长[EB/OL].[2010-07-27].http://www.mofcom.gov.cn/aarticle/i/jshz/new/201007/20100707044778.html.

高。随着人民币跨境结算业务的增加，人民币的覆盖面有所扩大，国际地位也得到很大提升，这在一定程度上降低了中国以美元为主要货币的外汇储备所带来的风险，同时为进一步扩展自由贸易区的货币合作创造了条件。

第一，最优货币区理论为中国和东盟建立货币联盟奠定了理论基础。蒙代尔认为在两个国家之间应该建立一个调节需求转移和国际收支的机制，使生产要素具有高度流动性，特别是劳动力的流动，这样才能使两个相互执行固定汇率的国家之间保持物价稳定和充分就业，从而有利于建立一个最优货币区。①中国—东盟自由贸易区建立以来，自由贸易区的贸易稳步前进。虽然在劳动力方面，各国因语言、文化、宗教信仰等方面的差异，以及对跨国劳动力流动有较为严格的规定，所以自由贸易区的劳动力流动相对较少；但是在资本要素方面，东盟多数国家的金融环境比较优越，对境外投资者的资金管制比较宽松，资金流动性强，所以区域内市场要素能够自由流动。中国与东盟已经初步符合最优货币区市场要素的流动性标准。

第二，麦金农认为要建立最优货币区的另一个条件是经济开放。②在自由贸易区内，货物贸易和服务贸易不断增加，双边经济开放度（出口额与 GDP 的比率）加大，彼此联系更为紧密。为了满足区域间合作的高效性，区域合作组织倾向于统一使用某种货币进行结算，或者创造一种新型货币作为区域内贸易的结算单位，由此产生区域的国际结算。东盟国家虽然经济规模相对较小，经济结构单一，内部经济发展受限，但自 21 世纪以来，东盟国家改变了对外发展思路，加大了对外经济开放力度。以上条件正好符合最优货币区理论认为的自身经济规模小、经济开放程度高的国家适合建立最优货币区。

---

① MUNDELL R. A theory of optimum currency areas[J]. American Economic Review,1961,51:657 -665.

② MCKINNON R. Optimum currency areas[J]. American Economic Review,1963,53(9):717 -725.

第三，最优货币区成员国的经济发展处于同一水平，是建立最优货币区的条件。从经济学角度分析，最优货币区成员国的经济发展水平相似性越高，在遭受外部冲击时，反应成本越低。中国和东盟各国之间的经济规模明显不均，存在显著差异，如2009年GDP最高的国家与GDP最低的国家之间的差异达到4984920.8百万美元（见表1-1）。各国经济总量迥异，抗击外部冲击的能力不均。相关数据显示，新加坡的经济发展水平最高，越南、马来西亚、泰国和印度尼西亚四国的经济总量相当，柬埔寨、老挝和缅甸的经济总量相当，基本符合成员国经济发展水平类似的条件。比较中国与东盟的经济，我们发现：首先，虽然中国同东盟的经济发展基础不一样，但是都有不同程度的增长，并呈现阶段性。中国GDP增长呈现周期性波动，同时东盟国家GDP平均增长速度快，经济增长呈现相似的波动性（见表1-2、图1-1）。其次，从宏观经济学角度解释，东盟国家的人口规模和经济规模的增长导致对货物贸易和服务贸易的需求增加，是中国和东盟间区域经济合作发展的动力。东盟国家GDP高速增长，是亚太地区重要的区域性市场。中国和东盟国家的GDP增长具有相同的周期性，经济的繁荣与衰退呈现同步性，因此有可能实施类似的经济政策。

表1-1　中国和东盟国家2009年的GDP和人均GDP

单位：美元，百万美元

国家	人均GDP	GDP
文莱	34824.0	14146.7
柬埔寨	693.2	10368.2
印度尼西亚	2362.1	546527.0
老挝	942.1	5579.2
马来西亚	6822.1	193107.7
缅甸	419.5	24972.8
菲律宾	1749.6	161357.6
新加坡	36631.2	182701.7
泰国	3950.8	264322.8

续表

国家	人均 GDP	GDP
越南	1104.2	96317.1
东盟	2533.5	1499400.8
中国	3748.0	4990500.0

资料来源：东盟的数据来源于国研网，http：//172.16.9.80：81/；中国的数据来源于国家统计局网，全砖国家联合统计手册（2011），http：//www.stats.gov.cn/tjsj/qtsj/jzgj2011/。

注：GDP 和人均 GDP 按照现价、美元计算。

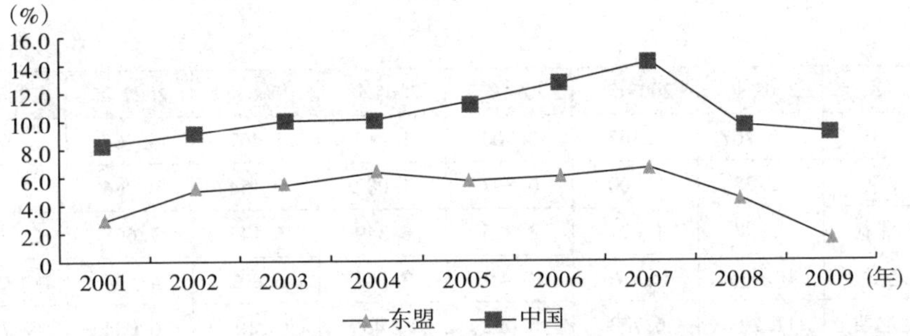

图 1－1 2001—2009 年中国和东盟国家的 GDP 增长率变化趋势

表 1－2 2001—2009 年中国和东盟国家的 GDP 增长率（%）

国家	2001 年	2002 年	2003 年	2004 年	2005 年	2006 年	2007 年	2008 年	2009 年
文莱	2.7	3.9	2.9	0.5	0.4	4.4	0.2	－1.9	－0.5
柬埔寨	5.5	5.2	12.6	10.0	13.6	10.8	10.2	6.0	0.1
印度尼西亚	3.6	4.5	4.8	5.0	5.7	5.5	6.3	6.0	4.5
老挝	5.7	5.9	5.8	6.9	7.3	8.3	6.0	7.8	7.6
马来西亚	0.5	5.4	5.8	7.2	5.3	5.8	6.6	4.7	－1.7
缅甸	10.5	5.5	5.1	5.0	4.5	6.9	5.6	3.6	4.8
菲律宾	4.5	4.4	3.7	6.4	4.9	5.3	7.4	3.4	1.1
新加坡	－2.4	4.2	3.1	8.8	6.6	8.6	8.5	1.8	－1.3
泰国	2.2	5.3	7.1	6.3	4.7	5.1	4.9	2.5	－2.2
越南	6.9	7.0	7.4	7.8	8.4	8.2	8.5	6.3	5.2
东盟	2.9	5.0	5.4	6.3	5.7	6.0	6.6	4.4	1.5
中国	8.3	9.1	10.0	10.1	11.3	12.7	14.2	9.6	9.1

资料来源：国研网，http：//172.16.9.80：81/。

注：GDP 增长率是按照本国货币，以不变价计算的。

第四，最优货币区参与国具有相同的通货膨胀偏好。哈柏勒 [①]和弗莱明[②]认为，如果最优货币区国家的通货膨胀率水平趋于一致，那么各国央行制定的宏观政策就具有相似性，有利于最优货币区的货币价值稳定，避免汇率波动带来负面影响。2002—2008 年东盟国家平均通货膨胀率为 6.77%，略高于中国的通货膨胀率，基本符合建立最优货币区的条件，见表 1－3。

表 1－3　2002—2008 年中国和东盟国家的通货膨胀（平均消费者价格年增长率）

单位:%

国家	2002 年	2003 年	2004 年	2005 年	2006 年	2007 年	2008 年
中国	-0.767	1.167	3.900	1.817	1.467	4.767	5.900
文莱	-2.288	0.300	0.897	1.087	0.154	0.966	2.085
柬埔寨	0.098	1.027	3.925	6.349	6.143	7.668	24.997
老挝	10.645	15.476	10.456	7.169	6.801	4.524	7.628
印度尼西亚	11.798	6.773	6.062	10.459	13.104	6.034	9.777
缅甸	58.104	24.948	3.757	10.741	26.328	32.927	22.500
菲律宾	2.969	3.450	5.976	7.626	6.244	2.810	9.299
马来西亚	1.793	1.074	1.420	3.049	3.609	2.027	5.400
新加坡	-0.390	0.487	1.671	0.473	0.973	2.096	6.612
泰国	0.697	1.804	2.759	4.540	4.637	2.242	5.468
越南	4.079	3.303	7.895	8.394	7.503	8.349	23.115

资料来源：国务院发展研究中心信息网，世界银行（World Bank）数据库，亚洲开发银行（ADB）数据，http：//172.16.9.80：81/DRCNet.OLAP.BI/web/ChannelPage.aspx？channel = sjjjsjk。

由此可见，2008 年以前，中国与东盟各国的货币合作还不能达到像欧盟货币一体化那样的标准。但是，这也反映出中国和东盟各国的经济开放水平有一定的增长性，两者都有自身经济增长的特点和独特的优势，而且

① HARBERLER，GOTTFRIED. The international monetary system：some recent developments and discussions[J]. Approaches to greater flexibility of exchange rates，1970(4)：115－123.

② FLEMING M. On Exchange Rates Unification[J]. Economic Journal，1971，81(9)：467－488.

最优货币区本身带有一定的内生性；中国与东盟各国还需要通过更进一步的发展，才能达到西方市场经济成熟国家的水平；同时，双方只有保持经济持续快速地增长，充分发挥自身的独特优势，加强分工合作与贸易关系，才能促进货币合作更好、更快地发展。

通过以上分析可以得出结论，自 2010 年起中国—东盟自由贸易区的贸易合作处于高速发展状态，为双边经济带来了新的增长点，使双方联系愈加紧密，中国和东盟初步具备建立货币联盟的条件。中国和东盟应该在货物和服务贸易基础上构建货币合作的框架，逐步推行货币一体化，最终建成货币联盟。货币联盟的建立对中国—东盟自由贸易区的经济发展有着重大意义。

第一，在很大程度上减少交易费用，降低交易成本。在货币联盟区域内，各成员国可以通过统一的货币自由交换节约兑换成本，避免汇率风险。欧盟委员会对欧元的调查结果显示，引入欧元能够节省 130 亿—200 亿欧元的兑换成本，约合欧盟年 GDP 的 0.5%。另外，还可以节省因采取措施规避汇率风险引发的成本、兑换货币的手续费，以及因大汇率风险而丧失贸易机会的成本。单一货币的实行不仅可以大大节省区域内各国交易和兑换的成本，而且会对经济贸易的发展起到很重要的促进作用。

第二，有助于市场实现一体化，提高透明度。目前，建立市场一体化遇到的极大障碍是国家货币的存在，以及国与国之间对商品价格的歧视。所以，只有实行了单一货币，统一大市场带来的好处才能真正体现，区内贸易才会更好地发展。

第三，有利于降低汇率风险。货币联盟区使用统一货币、实行固定汇率，有利于货物的流通和物价的稳定，同时消除汇率风险；有利于成员国资金的自由流动，并刺激投资，促进经济的共同繁荣。

第四，在一定程度上稳定物价，维护自由贸易区内部经济稳定。自由贸易区实行单一的货币政策，在一定程度上抑制了通货膨胀，使货物的价格围绕价值上下波动，稳定了货物交换价格，有利于国际金融市场的稳定发展，为成员国经济快速稳定地增长提供了适宜的经济环境。

第五，有助于自由贸易区各成员国产业结构升级及生产要素的高效流动，促进生产资源的有效配置。因为自由贸易区各成员国的产品结构和产业结构趋同，经济互补性较差，劳动密集型产业所占比例过大，所以只有建立货币联盟才能使各成员国加快从技术引进型经济向创新型经济转变的步伐，从而提高自身的国际竞争力和综合生产力，通过区域内贸易代替原有的贸易转移来提高区域的经济效益。

第六，在建立货币联盟过程中，自由贸易区应成立共同基金，并且设立专门机构对其进行管理和控制。共同基金不仅能够很好地协调各成员国的财政政策并对其金融市场进行很好的监督管理，而且有助于各成员国自觉规范财政预算。对一切有经济动荡的现象一经发现便及时制止，这样可以保证经济更稳定地发展。

综上所述，深入分析中国和东盟国家建立货币联盟的可行性，并提出相应的政策建议，这在理论上和现实中都具有深刻的意义。

第二节　研究思路、主要方法和基本框架

一、研究思路

为了分析中国和东盟建立货币联盟的可行性，本书将从以下几个方面展开分析。

第一，中国—东盟自由贸易区的建成和发展极大地促进了各国之间的贸易往来，需要中国和东盟各国加强货币合作，以减少由于汇率波动带来的风险。目前，中国和东盟各国的货币合作尚处于较低的层次，还存在很多问题需要解决。要降低经济交往中的风险，促进中国—东盟自由贸易区的进一步发展，就必须加强中国和东盟的货币合作，以促进货币联盟的建设。

第二，根据欧元区的经验，要建立中国和东盟的货币联盟，就必须达到一些标准，如各国经济增长、通货膨胀、金融市场的开放程度、财政赤字和公债水平等都要趋同。因此，不仅需要对中国和东盟各国在金融体系、资本证券市场上的差异做出比较分析，还需要对各国的价格和产出波动性做出分析。通过以上分析可以说明中国和东盟各国建立货币联盟的成本与收益，以及锚货币的选择。

第三，建立货币联盟的标准有很多，上面只是从一个方面分析建立货币联盟的成本和收益，还需要通过综合性的指标反映多种因素的共同作用对中国和东盟建立货币联盟的影响。应用最优货币区（OCA）指数不仅可以

综合反映多重因素对建立货币联盟的影响，还可以根据不同国家建立货币联盟标准的相似性，对中国和东盟各国进行分组，进而分析建立货币联盟的程序和应该选择的锚货币。

第四，中国和东盟国家的货币合作还处于较低的层次，建立货币联盟有很多模式可以选择。中国和东盟各国可以根据本地区经济发展的情况选择适合的模式，以促进货币联盟的建设。中国作为地区大国在此进程中应该发挥主导作用。

第五，欧元区的建立和发展为中国和东盟建立货币联盟提供了经验和教训。中国和东盟各国在建立货币联盟过程中，应该借鉴其成功的经验，吸取其失败的教训，特别要从 2009 年底发生的欧债危机中吸取经验和教训。根据欧元区的经验和教训，提出中国和东盟各国在建立货币联盟过程中，货币政策和财政政策应如何协调的策略。

二、主要研究方法

本书将严格遵循现代经济学的研究范式，坚持实证分析与规范分析相结合、定量分析与定性分析相结合、宏观总量分析与微观个量分析相结合的方法。

（1）实证分析与规范分析相结合。以实证分析为基础，以规范分析为主找出客观规律和正确的价值判断。

（2）定量分析与定性分析相结合。以最优货币区理论为指导，同时运用现代计量经济分析方法。

（3）宏观总量分析与微观个量分析相结合。以总量研究为主，结合个量分析建立最优货币区的微观基础。

三、本书的基本框架

本书的基本框架如图 1－2 所示。

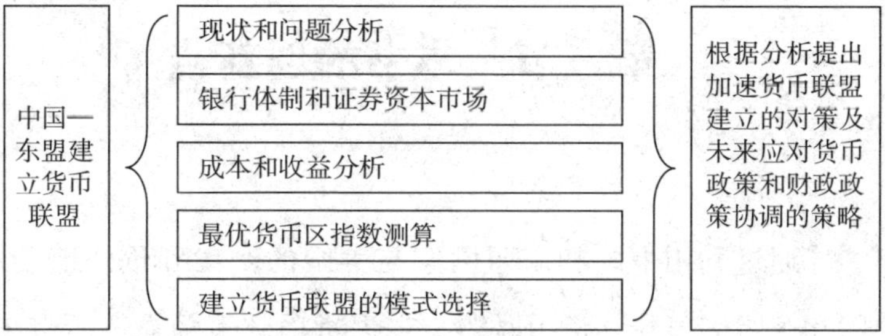

图 1－2　本书的基本框架

第三节 本书的创新点

第一，通过利用中国和东盟国家与美国的产出和价格谐动水平分析，对因中国和东盟国家建立货币联盟，丧失货币政策独立性所带来的潜在成本进行实证分析。产出和价格谐动水平的数值越低，说明组成货币联盟的国家之间产出和价格变化情况的相似性越强，组成货币联盟的成本越低，就越适合组成货币联盟。使用1990—2008年中国和东盟各国通货膨胀率的数据进行测算，发现中国和东盟各国的年平均通货膨胀水平和通货膨胀率的波动均高于美国，中国和新加坡、文莱、马来西亚、泰国的价格水平要比东盟其他国家稳定。同时，使用1990—2008年人均GDP的数据计算产出和价格谐动的水平。计算结果表明，中国和东盟各国的价格谐动水平除泰国、马来西亚和印度尼西亚的水平较高外，其他国家的水平都比较接近，最低的是新加坡（0.278）；产出和价格谐动的水平除缅甸和印度尼西亚比较高外，其他国家也比较接近，最低的是越南（0.0239）。产出和价格谐动水平的分析表明，中国和东盟各国产出和价格波动的相似性比较高，适合组成货币联盟。

第二，通过综合比较中国和东盟各国的平均通货膨胀水平、通货膨胀的波动水平、价格和产出谐动水平，分析了中国和东盟各国如果组成货币联盟将如何选择锚货币的问题。因为在价格谐动分析中，水平最低的是新加坡（0.278），说明新加坡的价格波动水平最低，这符合现实情况；而在产出谐动的分析中，水平最低的是越南（0.0239），说明越南的经济状况不稳定，这显然与实际情况相反。因为越南的平均通货膨胀水平和通货膨胀的波动性都很高，只有钉住价格稳定国家的货币，才能获得加入货币联盟的收益。所以，如果仅仅使用价格和产出谐动水平判断在建立货币联盟过程中应该钉住的锚货币是不合理的，应该将平均通货膨胀水平、通货膨胀的波动水平、价格和产出谐动水平这三个指标结合起来，综合分析建立货币联盟应该钉住哪种货币。结合这三个指标的综合分析，中国和东盟在建立货币联盟过程中，各国应该钉住的锚货币首选是新加坡元，次选是人民币。

第三，应用 OCA 指数可以将影响建立货币联盟的各种因素综合起来，从总体上分析一个地区是否应该建立货币联盟，或者一个国家是否应该加入货币联盟，为建立货币联盟提供一个综合指标。采用汇率变化的模型计算 OCA 指数，分析中国和东盟国家是否适合建立使用单一货币的货币联盟，可以通过经济规模、贸易开放度、金融发展程度、通货膨胀的差异性这四个指标与汇率波动进行回归计算得出 OCA 指数。对 OCA 指数进行聚类分析，可以将中国和东盟国家分为四类：新加坡、老挝、印度尼西亚一类；中国、泰国、文莱、菲律宾、缅甸一类；越南、柬埔寨一类；马来西亚单独一类。每类国家都具有高度的相似性。根据聚类分析结果，结合产出和价格谐动水平分析的结果，中国和东盟建立货币联盟可以按下面的步骤进行：经济发展较好的新加坡、中国、文莱、菲律宾、印度尼西亚应首先考虑建立货币联盟，之后再与其他国家组成货币联盟。OCA 指数与产出和价格谐动水平分析结果类似，同样表明新加坡的货币在区域内是最稳定的货币，其次是中国的货币，两者均可以作为建立货币联盟的锚货币来替代现在大多数国家钉住的美元。

第四节　OCA 理论研究综述

一、传统 OCA 理论综述

货币联盟建立的理论基础是 OCA 理论，这一理论对指导分析成立货币联盟的成本及其收益起着极为重要的作用。通过对欧洲经济体的优劣势与美国的进行比较，以及将固定汇率的优缺点与浮动汇率的进行比较，从而产生了 OCA 的概念。OCA 理论认为，固定汇率更加有利于保证内部与外部平衡的前提是，采取固定汇率的国家无论是在金融交易还是对外贸易，或者生产要素流动等方面，都与外部世界处于一体化的环境中，且一体化程度很高。OCA 理论中关于其定义与国家的边界不一定吻合，因为在定义什么是 OCA 以及对其进行衡量时，采取了从不同的视角出发，利用不同的方法进行。起初 OCA 理论的研究主要针对问题进行定性的阐述和分析，随着研究方法的进步其研究重点发生了转移，不断借鉴其他理论得以发展，分析的主要方法也由定性分析转变为定量分析。

（一）蒙代尔的要素自由流动理论

OCA 理论是由蒙代尔（Mundell，1961）首次提出的，他认为 OCA 就是一个特定的区域，在这个区域内有几种货币或者只有一种货币，作为区域内的共同货币，是该区域的一般支付手段，而且区域内的不同货币之间的兑换是不受限制的，它们之间相互兑换的汇率也是固定不变的；与此同时，这些货币与非该区域内的国家之间则不采取固定汇率而是采取浮动汇率。目前，全球只有欧盟是最成功的 OCA。欧盟除了瑞典和英国等几个国家尚未加入欧元区外，其余国家都采用欧元替代了原有货币作为共同货币，并建立了统一的货币监督和管理机构。在浮动利率政策下，瑞典和英国可以通过对相对货币名义价值的调节来平衡经济发展。蒙代尔的研究结果：如果两个国家（它们固定了彼此的汇率）要实现物价稳定，且不存在除自然失业率之外的失业，即达到充分就业，那么它们应该使彼此的生产要素实现高度自由流动，并作为调节机制来实现经济的平衡发展。也就是说，利用浮动汇率是消除不了经济发展不平衡的，要消除经济发展的不平衡可以借助高度自由流动的生产要素（劳动力、资本）。

蒙代尔以 OCA 的最初定义为基础，又从生产要素的流动性、价格存在刚性，采取特定货币存在交易成本等方面对其进行了进一步的诠释。他在不考虑其他条件的前提下，假设只生产 A 产品的甲国和只生产 B 产品的乙国。如果 A 产品对乙国出口，那么甲国由于只出口 A 产品而不进口 B 产品就会实现贸易盈余，乙国则出现贸易亏损。若两国之间采取的是浮动汇率，甲国的汇率就会下降，货币会升值，乙国则与此相反。乙国在货币贬值的情况下，若出口价格弹性与进口价格弹性之和大于 1，则甲国货币升值，乙国增加就业，扩大出口。与此同时，乙国由于货币贬值其通货膨胀可以得到有效控制，这是国际贸易在实施浮动汇率下可以实现的最理想效应。

蒙代尔提出的要素自由流动理论，既部分肯定了传统的浮动汇率理论，又对其中一些理论进行了批评、继承和发展。他的理论强调要素的自由流动性，即在这一假设下，如果一个国家的国际收支出现了失衡，则不需要利用浮动汇率，而是可以借助要素高度的自由流动性抵销国际收支失衡对宏观经济的影响，使宏观经济实现平衡。他指出，建立一个最优货币区应该以要素是否高度自由流动作为标准。当生产要素能够自由流动时，如果在该区域内不仅采取固定汇率而且采用统一的货币，那么一方面可以使微观经济的成本降低，另一方面可以使其对外部冲击具备有效的抵抗力，从而实现宏观经济的平稳发展。与此同时，还可以使国家之间进行贸易的成本降低，不会出现由于不稳定的产品价格而产生的风险。

总体而言，要素自由流动是蒙代尔认为界定最优货币区范围的标准。为了保证区域内价格稳定和充分就业，从而保证区域内部平衡，应该在区域内采取固定汇率制，并以此为基础通过对区域外的国家采取浮动汇率来实现区域的外部平衡。但是，要素自由流动理论具有明显的缺陷，它忽略了劳动力要素流动的可能性和自由流动的成本，并存在很大的局限性。因此，在该理论提出后有很多经济学家对其进行了批评。通常情况下，在一个国家内部实现劳动力要素自由流动不存在很大困难，但由于各个国家都拥有自己的劳动力政策，因此其在国家之间的流动受到的限制较大，自由流动较为困难。与此同时，劳动者作为劳动力要素的主体，在流动时会将移民的成本和由心理适应过程产生的成本考虑在内。该理论没有结合国际贸易理论的最新研究成果，而是仅仅将基本出发点定义为要素流动性（李嘉图）的国际贸易理论。

（二）麦金农的经济开放性理论

麦金农（Mckinnon，1963）在其《最优货币区》一文中提出了 OCA（这种地区的对外被看作封闭的）的标准，应该是以经济体的高度开放性衡量的建议。开放经济体往往可以选择固定汇率制度，主要原因是在这些经济体内，实际的竞争力不太可能受到汇率变动的影响。而且，开放的经济制度相对于封闭的经济制度而言，它的价格指数会比较容易产生波动，在浮动汇率的背景下，货币的流动性因为汇率经常变动而降低。由此可知，经济体的开放程度与它的规模和要求的流动性呈负相关。鉴于上述原因，若经济体自身的规模比较小，则比规模较大的经济体加入共同货币区的倾向性更大。麦金农将总产出的构成划分为不可贸易的商品和可贸易的商品，其对开放经济的定义采用的是经济体总产出中可贸易商品占有的比例。麦金农假设某一经济体的经济开放程度非常高，则其在应对国际收支失衡时，若采用浮动汇率调节，一方面会使本币贬值，使相对于其他经济体的货币价格下降，这意味着经济体进口商品的价格会上升，整个经济体的总体价格水平又会发生变动。由于进口商品价格的上升会带动经济体内非贸易商品价格的上升，从而导致需求下降，总产出减少；产出减少又会导致失业增加，使失业率上升。另一方面，在开放经济中人们拥有比较理性的货币观，所以当经济体的货币价值下降后，人们将要求提高工资水平，因为他们认识到自己的实际收入较以前减少了，消费支出却增多了。工资水平的提高增加了生产成本，使由于汇率降低引起的经济体内商品价格的相对下降所产生的对外贸易优势消失，导致政策失效。最终，经济体只有增大汇率变动的幅度，才能使国际收支得到一定水平的纠正。因为经济的高度开放性，使其对进口商品的需求比较缺乏弹性。这样势必会造成更大程度的经济不稳定。基于以上原因，麦金农认为在开放经济条件下，浮动汇率不一定是最优的选择。宏观经济目标相对更容易实现的条件是，由存在紧密贸易关系的经济体组成共同通货区，该通货区是相对封闭的，在通货区内部采用固定汇率制度，对外则实行共同浮动汇率。

麦金农对 OCA 的理论有两个非常关键的假设：首先，微观环境下发生变化的供求条件能够引起对收支的调节，且该调节是必须的；其次，世界上共同货币区外的地区具有稳定的价格。由于在固定汇率的条件下，外来的不稳定因素会直接引起国内经济的连锁反应，所以若国际经济不稳定，则麦金农得出的结论就会被直接推倒。

（三）凯南的产品多样性理论

凯南（Kenen，1969）在其论文《最适度货币区：折中主义的观点》

中提出，各个经济体采取固定汇率非常好的根据是产品的多样化程度。他认为，造成经济体在国际贸易中收入和支出达不到均衡状态的首要原因，是来自微观需求方面的变动对经济的冲击，一个国家生产类型众多的产品，同时对外出口数量众多的各种产品。[①]在上述假设的条件下，虽然经济体具有产品的高度多样性，但一个特定行业拥有的就业量只在总体就业量中占有很小的比例，所以若某种出口到国外产品的需求由于某种原因发生下降，失业人口也不会发生较大程度的增加，因此其受到外来冲击所产生的效应不会过大地影响整个经济。相应地，若该国实施的是固定汇率，则外部对其经济产生冲击时，它的多样化程度越高则失业人口增加的程度越小。除此以外，凯南证明了如果贸易条件进一步恶化或者外国需求量减少，当通过汇率变动使就业恢复到受冲击前的水平时，多样化程度越低的经济体所受到的影响越大。与此同时，在经济体多样化条件下，汇率的大幅波动是不必要的，因为对不同出口产品的外来冲击趋于平均化，将使出口产品获得的收入比较稳定，水平基本保持不变。凯南根据以上分析认为，一个国家的产品品种越多其在外部冲击来临时的应对能力就越强，它的收入、支出和就业就越稳定。一个生产多种产品的国家，其产品会与其他国家的产品交叉，其中一些产品可能相互补充，这种关系可以在某种情况发生变化导致国外需求变动时，使本国不受外国产品的冲击影响，也不必通过改变汇率来应对。由此可知，若一个国家生产越多不同种类的产品，则其接受固定汇率的程度越大，否则就应考虑作为一个单独自主的货币区采用浮动汇率。所以，建立货币联盟的国家应该是经济多样化程度非常高国家，不需要借助汇率的频繁调整来改善自身的贸易环境。

凯南提出的正式模型包含下面的假设：若名义工资率是已经给定的，那么劳动力供给的弹性就是最大的，其弹性值为无穷大；此时，进口的商

---

① KENEN P B. The theory of optimum currency areas：an eclectic view[J]. Monetary problems of the international economy,1969(1):41－60.

品在国际上统一的价格变动比率等于名义工资随经济发展产生的变动比率。若上述假设均不存在，那么上述理论是无法得到确认和证明的。

从上述两种观点，即开放性标准和多样化标准可以很容易地看出，他们得到的结论是相反的。麦金农（1969）即为其中不认同凯南理论的学者。他指出，经济体生产的产品多样化程度与经济规模呈正比，与外贸部门的规模呈反比。在这种情况下，若该经济体采纳凯南的理论则不得不采用财政政策和货币政策进行纠正，经济体的汇率固定也不能调整对外收支的不平衡。

关于经济体在国际上收入和支出不均衡的原因，学者给出了各种各样的假设，这些假设导致了彼此之间矛盾结论的出现。简而言之，经济体内部的冲击是麦金农开放性标准的重点，与之不同的是，能影响出口产品的来自外部的冲击是凯南多样化标准的重点。所以，不同的基本假设导致不同的观点，若世界经济的现状是除了经济体之外的地区经济都是不稳定的，则该经济体应该采用浮动汇率来应对外部冲击。

（四）英格拉姆的金融一体化理论

在前面的研究理论中，只有蒙代尔的最优货币区理论包括了少量货币因素，其他的研究在收支问题方面只将经常项目包含在内，资本金融类则直接被忽略了。英格拉姆（Ingram，1969）[①]认为，经济体所具有的金融特点应该被详细考察，从而根据其特点确定一个货币区应该拥有的最优规模，所以金融一体化应该被作为标准来确认该货币区所拥有的最优规模。若经济的金融一体化程度非常高，则均衡的恢复是自动的，可以通过资本的跨境流动实现，这样国际收支失衡所引起的利率波动较小。因此，既不存在需要通过汇率波动改变地区间贸易条件的必要性，也没有实行浮动汇率制度的必

① INGRAM. Commont: the currency area problem[J]. Monetary problems of the International Economy,1969(1):95－100.

要性。

斯托夫斯基（Scitovsky，1967）[①]认为，作为最优货币区的一个标准是高度的国际金融一体化（短期证券和长期证券的结合）。同时，他们认为浮动汇率不适用的条件是，该地区所拥有的金融资本市场不仅是一体化的，而且一体化的程度非常高。

然而，英格拉姆忽略了如果人为地将国与国之间的金融市场进行分割，并对其实施直接管制，而且各个国家均采用固定汇率，就可能导致出现为获得投机性收益的资本流动。实际上，他是指当金融实现了一体化而且是高度一体化时，汇率就不需要变动。原因是当金融实现了高度一体化时，资本就具有了充分的流动性，汇率一旦发生微小变动，大量的资本就会进行跨国流动。而汇率的固定会使汇率变动的可能性取消，各个政府都一致地保持不同货币间的固定联系，从而产生了资本的平衡性流动。他认为，大量的资本流动虽可以产生平衡作用，但这种资本流动会被人为地为了达到某种目的而将金融市场分割开来，从而使流动受到抑制。

总的来说，金融一体化理论有以下三个缺陷：首先，国际资本不是在所有的情况下均为平衡性流动，且流动是非均衡的情况较多；其次，当金融资产不被世界各国普遍接受时，逆差国将得不到顺差国的贷款，这种平衡也会被打破；最后，资本的流动并不能调节国际收支使其回到长期均衡的状态，而是只能暂时弥补国际收支的失衡。

（五）哈伯勒和弗莱明的通货膨胀相似性理论

20 世纪 70 年代初，哈伯勒（Harberler，1970）[②]和弗莱明（Fleming，1971）认为国际收支达不到均衡，是因为不同的国家采取各异的货币政

① SCITOVSKY TIBER. The theory of balance of payments adjustments[J]. Journal of Political Economy,1967,5:523 - 531.

② HARBERLER. The international monetary system: some recent developments and discussions. Approaches to Greater Flexibility of Exchange Rates,1970(4): 115 - 123.

策，各国的工会拥有不同的力量，各国具有自身特色的发展结构，这三者导致通货膨胀具有离散趋势。因此，他们分别提出 OCA 的确定标准应该是，货币区内各国的通货膨胀之间具有相似性。通货膨胀的离散趋势不仅能够使国际收支的基本账户失去平衡，而且能够使短期资本发生为了获得投机收益的流动，即汇率发生波动和国际收支失去平衡的主要原因是各国之间的通货膨胀率的差异。由此可得出结论：若位于区域内的各个国家的通货膨胀率存在区域一致性，则能够使汇率不发生波动。

然而，尽管通货膨胀会通过物价影响进出口，从而引起国际收支情况变化，但是将国际收支失去平衡的主要原因归为通货膨胀，也是与现实情况不相符的。一方面，采用货币分析法得出的商品流通与货币流通之间的关系属于从属关系，是将两者之间的关系颠倒后得出的，这种认识是片面的。因为使用这种方法的前提假设是，货币需求函数在稳定的一级市场上具有完善的传递超额需求的机制，这种假设存在一定的不合理性。另一方面，国际收支失去平衡不一定主要由通货膨胀引起。事实证明，各个国家滥用其拥有的发行国际货币的特权，国家之间不平等的交换关系，各个国家不同的经济结构，在劳动生产率方面的差异、利率水平的高低和不同的通货膨胀率等共同发挥作用，导致了国际收支出现逆差，而且除了通货膨胀率之外，几项结构因素也起到了更重要的作用。

（六）托尔和威莱特的政策一致性理论

托尔（Tower，1970）和威莱特（Willett，1970）在通货膨胀观点的基础上提出，政策选择的一致性才是确定最优货币区的标准。他们的研究表明，成员国对通货膨胀和失业水平的偏好是否一致，是决定一个内部调节机制并不完善的货币区能否成功的重要因素。如果一个国家更偏向保持较低的失业率，那么这个国家在政策上就难以与另外一个更注重低通货膨胀的国家保持一致，也就难以在货币区内形成一致行动。戈登（Corden，1972）[①] 和乔斯奇（Giersch，1973）[②] 深入研究了政策一致性的影响，结果表明，货币联盟成员国对通货膨胀和失业率二者权衡关系的选择差异，决定了货币联盟的相关成本，因此其相似性对降低货币联盟成本起到至关重要的作用。

20 世纪 70 年代，欧洲发生的一些事件，特别是欧洲货币“蛇形”浮动的分裂，可以被看作有利于一些经济学家所发表意见的实战：政策协调应当先行于汇率的固定。然而，这个问题类似于发展中国家的平衡与不平衡增长问题。尽管成员国的政治条件存在差异并施加了一些限制，但是在货币统一方法和汇率固定方法之间做出妥协和让步也是有可能和必要的。

用今天的观点来看，如欧元区国家的货币政策一体化就是指货币同盟内部进行的政策协调。货币同盟意味着本国需要放弃在货币政策上的自主权，以及汇率政策工具的制定权，执行不同程度上的统一货币政策。另外，本国一些其他的宏观经济政策，如财政政策和产业政策等，也必须以不妨碍货币同盟的正常运转为前提，协同配合促进经济发展。由于只有各国在经济政策上协调和配合，才能保证货币同盟的正常运转，因此必须约束成员国对国内政策的选择。通过同盟内部的机制可以达到这种约束目的，包括设立超越国家机构的、各成员国拥有同等监督和同等评审及相应的处罚手段的权力。

（七）明茨和科恩的政治因素理论

只注重研究经济因素，而不考虑各国政治、文化、历史传统差异对经济和货币一体化的影响，是上述最优货币区理论的共同缺点。明茨

---

① CORDEN W. Monetary integration, essays in international finance[M]. Princeton: Princeton University Press, 1972.

② GIERSCH H. On the desirable degree of the flexibility of exchangerates[J]. Weltwirtschaftliches Archiv, 1973(3): 109.

(Mintz, 1970) 提出，货币联盟内各成员国形成一体化的政治意愿，是最终实现货币联盟极重要的实际条件。这一观点由科恩 (Cohen, 1993) [①]对6个货币同盟的研究结果得到了经验支持。科恩的研究发现，在一个成功实践的货币区内，政治因素占据首要位置，它对经济标准起到主导作用。科恩揭示了货币同盟国在以下两种情况下更愿意履行义务：一种是货币同盟国有强烈意愿，同时也具备相应能力推动货币合作进程；另一种是货币自主权的损失能够通过广泛的机构联系网为每个成员国所承受和分散。近期的理论文献越来越重视这个观点。货币同盟是否能够合理建立，一方面取决于货币同盟国的经济因素，另一方面政治因素也起到了决定性作用。不过，政治因素并非本书研究的重点。

(八) 传统最优货币区理论评述

总结早期的最优货币区理论 (见表1-4) 可以发现，一方面，一些研究认为汇率变动是无效的 (不存在货币幻觉，实际工资不可改变)，另一些研究认为即使有效也是没有必要的 (高度的要素流动或产品多样化与通货膨胀率相似)，从而各自得出的结论均主张实行共同货币。然而，共同货币的正面利益在上述所有分析中却鲜少涉及。而且，研究和倡导各自理论和标准的学者都没有充分强调自己的假设与收支不平衡的原因、规模、期限和频度之间的关系，也没有在模型中考虑这些因素。另一方面，尽管他们都认识到调节国际收支的成本是汇率选择的关键，但是都没有对此进行明确的阐述，也缺乏准确的模型。早期最优货币区理论的文献都没有权衡和比较固定汇率或共同货币的收益和损失。因为如果一国参加了某个货币同盟，就等于放弃了其重要的经济政策工具；汇率政策的放弃将对国内一些其他政策工具产生影响，特别是独立的货币政策。

---

① COHEN B. Beyond EMU: the problem of sustainability [J]. Economics and politics, 1993 (5): 187-202.

实际上，一国加入货币联盟和放弃独立的汇率政策也会产生一些收益，如增加货币流动性价值，防范外汇投机的发生，降低持有外汇储备的成本等。蒙代尔尽管提到了由于放弃汇率政策而产生这种收益和成本，但是没有对收益和成本的多重性问题进行充分分析。尽管估计这些收益和成本并进行相互权衡是比较困难的，但是如果能考虑到使用共同货币的多种收益的多层面方法，那么相对于单一标准方法来说将更全面和更具优势。因此，以后的最优货币区理论研究逐渐放弃了这种单一标准的传统方法。另外，早期的最优货币区理论比较深入地分析了浮动汇率不能很好地调节国际收支的条件，这促进了后来对货币联盟收益和成本的研究。

表 1－4　传统最优货币区理论一览

经济学家	理论	主要内容
蒙代尔（Mundell，1961）	要素流动程度	以价格和工资呈刚性为前提，相关地区的要素流动程度决定了最优货币区的组建。在劳动力和资本要素能够在区域内自由流动的情况下，组建单一货币区既提高了微观经济效率（消除交易成本），又能有效地抵抗外部冲击，保持宏观经济的稳定
麦金农（Mckinnon，1963）	经济开放度	组成共同货币区应该选择一些经济贸易关系密切的开放经济体。倾向于参加共同货币区的往往是那些由于经济规模较小且才实行开放性经济政策的国家
凯南（Kenen，1969）	低程度的产品多样化	一个独立的货币区应该由经济多元化和生产多样化程度较低的国家组成
英格拉姆（Ingram，1969）	金融一体化	若一个经济体的金融一体化程度较高，那么资本跨境流动就可以抵销利率的微小波动，使之恢复到以前的均衡，从而避免汇率出现不必要波动；但是，如果当局有意干预金融市场以阻碍资本的流动，则难以形成共同货币区
哈伯勒（Harberler，1970）弗莱明（Fleming，1971）	通货膨胀率相近性	组建共同货币区的主要条件是成员国之间有着相近的通货膨胀率

续表

经济学家	理论	主要内容
托尔（Tower，1970）威莱特（Willett，1970）	政策一体化	在不完善的内部调节机制下，只有参与货币区的成员国政府间对不同经济目标达成了政策上的一致，货币区才能达到最优
明茨（Mintz，1970）科恩（Cohen，1993）	政治因素	明兹认为最优货币区最主要而且唯一的真实条件是将各成员国的政治意愿融合在一起。科恩在对现代货币史上6个货币联盟进行的研究中发现，在那些成功的货币区中，政治因素主导了具体的经济标准

二、现代最优货币区理论综述

20世纪90年代以来，欧洲货币一体化成功地推动了区域经济的合作发展，使最优货币区理论得到了更深入的发展，学者开始运用系统化标准分析法研究最优货币区。

（一）克鲁格曼成本—收益综合分析理论（GG－LL模型）

1990年，克鲁格曼在分析挪威加入欧元区的成本—收益曲线基础上，提出了著名的GG－LL模型。[①] 该理论认为，一国加入货币区的收益等同于该国不加入货币区而采用自由浮动汇率的收益，由于汇率的不确定性导致该国经济较固定汇率更为复杂和不确定，且贸易结算成本具有的不确定性也带来了成本。货币联盟参与国在最优货币区内实施固定汇率制度，所以不能使用货币政策调节经济，虽然经济的不稳定性必然会导致一定的损失，但是随着最优货币区成员国经济一体化的程度加深，这种损失将会逐渐减少。

在图1－3中，横轴代表经济一体化程度，用区域内GDP贸易额比重表示；纵轴代表参与国的货币成本或者收益。*GG* 曲线是一条单调向上的

① 克鲁格曼．地理与贸易[M]．北京：中国人民大学出版社，2000.

收益曲线，代表了参与国加入货币联盟后的货币效率收益随经济一体化程度变动的关系。*GG* 曲线单调向上，斜率为正，表示参与国加入货币联盟后的货币收益与经济一体化程度呈正相关关系。这是因为在货币联盟区实施固定汇率制度，不仅规避了汇率波动风险，同时也减少了贸易结算成本。*LL′*曲线和 *LL″*曲线都是单调向下的成本曲线，表明加入货币联盟的成本与经济一体化程度呈负相关关系。当 *GG* 曲线和 *LL′*曲线相交于 E_1点时，相应的货币一体化程度为 θ_1，该点对应的经济一体化程度是参与国考虑是否加入货币联盟的临界点，若参与国经济一体化程度低于 θ_1，则参与国选择加入货币区并获得净收益，若参与国经济一体化程度高于 θ_1，则参与国选择放弃加入货币联盟区。图 1－3 还表明了一国加入货币联盟的意愿受到外部环境的影响，当外部环境发生变化时，推动 *LL′*曲线向右移动得到 *LL″*曲线，与 *GG* 曲线相交于 E_2点，代表了一国加入货币联盟的一个新时机，即在新环境条件下一国加入货币联盟的一体化临界值由 θ_1移动到 θ_2。

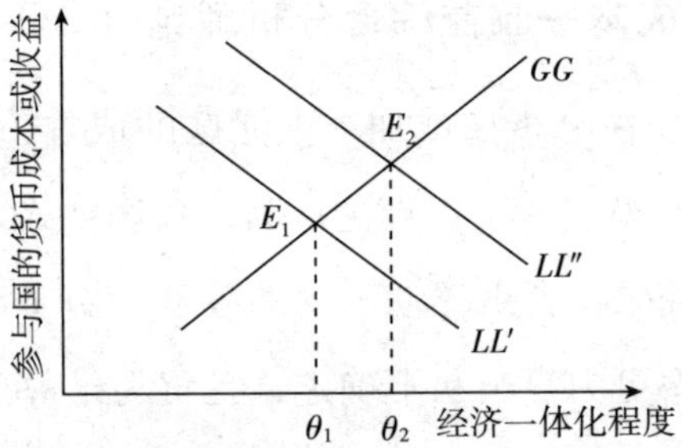

图 1－3　GG－LL 模型

（二）弗兰克和罗斯的内生性理论

欧元的成功运行使更多经济学家投入对最优货币区理论的研究中。学者集中研究影响货币一体化因素间的动态关系，其中弗兰克（Frankel）和罗斯（Rose）将内生性的概念引入最优货币区理论最为著名。他们的研究表明：由于最优货币区的标准之间存在内生性，所以不可以直接运用最优货币区的各项指标进行衡量，这种单方面的指标分析法便存在问题。伴随各国货币合作程度加深，最优货币区理论的标准和各项指标之间的吻合度越来越高，所以若要判定某个区域是否具备建立最优货币区的条件，则需要观察的是那些互为因果的应用指标之间的关系。因此，参与国必须在加入货币区后，满足建立货币联盟的相关标准，而不是在加入之前就满足该货币联盟的相关标准。

在图 1－4 中，横轴表示潜在货币联盟区参与国之间的贸易依存度，用联盟区内 GDP 总量中联盟区贸易总额所占的百分比表示。纵轴反映货币联盟与潜在成员国 GDP 之间的相关性。货币联盟区潜在参与国加入后的收益将随着参与国贸易依存度的加深而增加。同时，货币联盟区潜在参与国因放弃使用独立货币政策增加的成本，将伴随潜在成员国之间 GDP 相关程度的增加而减少。最优货币曲线斜率为负，意味着收入相关性和贸易的依存度具有替代关系。在图 1－4 中，*OCA* 曲线单调向下，将平面划分为两个区域。右上方区域内，货币联盟潜在成员国加入最优货币区加入时后获得的收益将大于所付出的成本，净收益为正；左下方区域内，货币联盟潜在成员国加入最优货币区后获得的收益将小于加入时所付出的成本，净收益为负。*RR* 曲表示贸易一体化的程度与收入相关性存在相互替代关系。

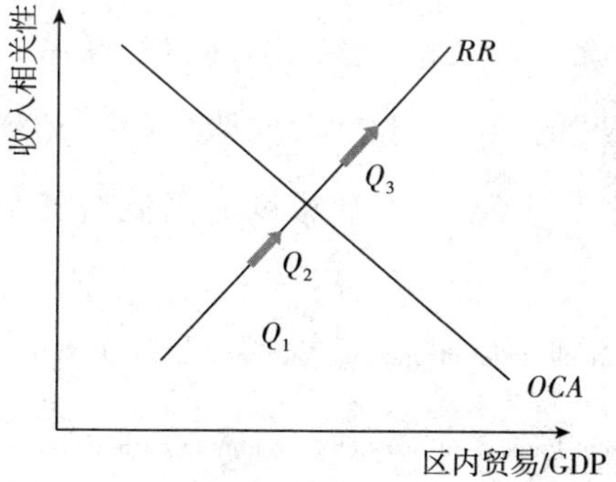

图 1－4　贸易区内成员国之间的收入相关性

（三）巴尤米和莫利兹等的一般均衡分析

巴尤米（Bayoumi，1994）[①]、莫利兹（Melitz，1995）[②]、瑞克（Ricci，1997）[③]、拜林和多凯伊尔（Beine and Docquier，1998）[④]等学者结合关于价格模型的研究，建立了黏性价格的均衡模型，并不断进行完善。其中，影响最大的是巴尤米（1994）建立的黏性价格均衡模型。巴尤米模型从两个独立的国家和由两个国家组成货币区这两种情况出发，以汇率制度、生产函数、需求函数和劳动力市场函数为基本框架，分别分析了 OCA 的成本和收益，并且研究了对两国福利的影响。他从对国家福利水平影响的角度，解释了最优货币区带来的成本和效益。巴尤米最终得出结论：建立最优货币区后，成员国虽然降低了由于汇率风险带来的交易成本，但是最优货币区外的国家却要与参与国一同承担因工资黏性与共同汇率相互作用而带来的产出下降的损失。从这个意义上讲，最优货币区外的国家福利水平的下降，在一定程度上来源于最优货币区参与国福利水平的上升。

巴尤米（1994）对传统最优货币区理论提出的建立货币同盟的标准进行了检验，包括各经济体的经济开放度、多样化程度和要素的自由流动性；瑞克（1997）则检验和证明了，经济体若成为货币同盟的成员国，则对其自身福利产生影响的因素包括：各个经济体的政府转移支付、各个经济体的劳动力流动情况、各个经济体之间的贸易联系，以及在受到实际冲击时，各个经济体之间的相关性和货币同盟中各个经济体自身通货膨胀所存在的差异。与此同时，经济体开放程度的高低对各个经济体的福利所产

---

① BAYOUMI T. A Formal model of optimum currency areas[J]. International monetary fund, staff papers, 1994(12):537 –555.

② MELITZ J. The current Impasse in research on optimum currency areas[J]. European economic review, 1995(39):492 –500.

③ RICCI L A. A model of an optimum currency area[J]. IMF working papers, 1997(2):76 –97.

④ BEINE M, DOCQUIER F A. Stochastic simulation model of an optimum currency area[J]. Open economic review, 1998(9):227 –225.

生的影响具有不确定性。拜林和多凯伊尔（1998）与巴尤米和瑞克考虑的因素则不完全相同，他们考虑的因素包括了对经济的不对称冲击、各个经济体的劳动力流动情况和各个经济体的工资较为缓慢的调整等。他们的研究表明，各种因素对成本的影响程度是不同的：劳动力流动程度提高，则成本会降低；而如果加大对经济的不对称冲击，则成本会随之升高。莫利兹（1995）对最优货币区进行综合评价应用的标准为均衡实际汇率的协方差，并利用这一标准选择出适合货币区的国家。上述模型不仅将传统 OCA 理论的各个经典论述体现了出来，而且在此基础上对研究框架进行了扩展，使标准系统化地包含在统一框架内，并提供了可用于实证研究的统一方法。

拜林和多凯伊尔（1998）列举和总结了能够影响一国是否成为货币区成员的标准，并将其放入他们提出的一般均衡模型中加以分析，从而得出关于判断这一问题的标准，且该标准是属于综合性的。对一国成为货币区的成员国所带来的净成本的衡量采取汇率波动性，波动的幅度越小说明成为货币区成员国的成本越低，越适合成为其成员。该均衡模型用回归方程表示如下：

$$sd(e_{ij}) = \sum \beta_t X_t \tag{1-1}$$

在方程（1－1）中，汇率波动性 $sd(e_{ij})$ 表示 i 国和 j 国之间汇率的标准差；两个国家之间在 OCA 中涉及的各个标准的表现用 X_t 表示；各个标准的参数用 β_t 表示。拜林和多凯伊尔将来自 21 个工业化国家的数据放入该模型进行验证分析，从而得出这些国家中的 6 个在 OCA 中涉及的标准参数，并根据这一参数区分出货币区应该合作的潜在核心成员。这一方法发展了对 OCA 理论进行的实证研究，检验了 OCA 理论是否具有现实性，而且将该理论涉及的主要标准全部融合在一起，构造的分析框架能够将综合成本和综合收益一起反映出来，从而使人们能够得到的不仅仅是讨论现象较为直观、容易理解的分析结果。

（四）爱默生和格罗斯“一个市场，一种货币”的思想

爱默生和格罗斯（Emerson and Gros，1992）提出了“一个市场，一种货币”的思想。[①]他们指出，市场需求是决定选择哪种货币的根本因素，而货币不同的交易网络区分了货币的使用区域，这一结论是由分析研究建立货币区所带来的成本和可能产生的收益得出的。由货币的起源和使用可知，市场对货币的需求源于其既具有价值尺度，又可以作为一种流通手段的职能，因此与市场的大小和国家的数量无关，货币起源也体现了“一个市场，一种货币”的思想。

“一个市场，一种货币”是一种革命性的思想，它解决了货币一体化在思想上面临的障碍，对促进货币一体化进程有积极的作用。大量的主权国家之所以坚持本国货币，是因为在传统思想中，本国货币象征了自己国家的主权。而现在“一个市场，一种货币”这一革命性理念的提出，改变了人们的观念，使人们意识到货币的用途是服务于市场。经济一体化的发展要求不同国家拥有的各种货币也应该进行融合，当本国货币不能更好地适应经济发展，或者国家成为货币区成员国所获得的收益比放弃本国货币的成本大时，就应该加入最优货币区，使统一货币替代本国货币的国家不断增多。

（五）现代最优货币区理论评述

OCA 理论在现代不断发展，其中大部分理论都存在检验欧洲经济与货币同盟（EMU）的标准，体现出这一理论的不断发展进步与欧洲采用欧元替代各国原有货币的一体化进程具有同步性。然而，在经过大量分析研究后，其所存在的各种问题也逐渐被发现了。比如，有研究者认为由于各个标准其所对应的临界水平无确定值，所以各个标准彼此冲突且互相替代，

---

① EEMRSOR M, GROS D, ITALIANER A. One market, one money: an evaluation of the potential benefits and costs of forming an economic and monetary union[M]. Oxford: Oxford University Press, 1992.

若分析时采用的方法各异，则最终无法得到一致的结论，且结论差异较大。克鲁格曼（Krugman）和奥伯斯菲尔德（Obstfled）通过使用定义最优货币区时确定的标准对欧元区进行了考察，并借助案例对其进行了研究分析，最后的结论是欧元区的各种特点表明其并非最优货币区。[①]然而，萨瑞（Sarrazin）的研究结论却与之相反，认为欧元区甚至欧盟在较大程度上符合的各种指标，可以作为确定最优货币区的标准。另外，格罗斯（Gros，1995）的计量分析研究结果显示，在应对由于非对称性冲击产生的对欧洲各国的失业率影响时，名义汇率的效果并不非常明显。[②]而迪格文（De Grauwe，1994）的研究结论则相对折中，他认为整个欧盟成为单一货币区是不现实的。[③]总而言之，关于欧元区是否符合最优货币区的研究未能得出统一的定论。

GG－LL 模型为研究货币理论提供了用均衡理论解决这一问题较为适合的思路，它是通过利用成本和收益进行分析的一种综合方法，一国是否成为货币区成员国需看是否达到一体化程度的临界值，这一结论可以通过成本曲线和收益曲线相结合求得。其缺陷为不知道可以用哪种方法确定收益曲线（*GG* 曲线）和成本曲线（*LL* 曲线）。此外，对于确认经济体达到一体化水平的标准还没有确定的答案，并且未对此加以解释说明，从而导致模型用于实际分析的性能较差。相比较而言，常用的成本—收益分析方法则在建立方程时就已经把各种标准进行了融合，利用方程研究货币区内成员自身福利的改变情况，在体现净收益的现状方面比 GG－LL 模型更直接，具有更高的操作性。与此同时，它也有自己的缺陷：仅涵盖一定的范

---

① 克鲁格曼，奥伯斯菲尔德．国际经济学：理论与政策：第四版[M]．北京：中国人民大学出版社，1998.

② GROS D. Regional diversity in an economic and monetary union[J]. CEPS Discussion Paper，1995(6)：111－138.

③ DE GRAUWE P. The economics of monetary integration[M]. Oxford：Oxford University Press，1994.

围，而不能包括全部标准，且标准组合不同得到的结论也不同。在各种关于成本和收益相结合的研究中，经济体因成为货币区成员国而能够获得收益的范围，因为发现了共同货币区具有正向的外溢性，或是货币网络具有正的外部收益而被扩大了，这虽为经济体应该加入共同货币区提供了更好的理论支持，但是收益扩大多少却难以度量。以成本—收益研究为基础的“一个市场，一种货币”的思想，主张经济因素应该是 OCA 研究的重点，但现实是在货币合作中，政治因素也是不可忽略的重要因素，也应当引起重视。内生性理论从方法上将静态的研究推进到动态的研究，使传统的 OCA 理论从最优货币区应该与相关标准保持良性互动的观点得到进一步拓展。然而，经济的实际情况是瞬息万变的，现实中的种种非确定性因素，使得现实情况大幅度地偏离人们的预期，且预期是不完全理性的。关于内生性理论，虽然有学者将静态发展为动态，但是动态未在成本和收益的模型中被反映出来，这一均衡模型仍然是静态的，尚未考虑可以动态变化的东西。除此之外，利用内生性进行研究的对象通常是欧洲地区，因为其经济比较发达，经济高度一体化。此理论是否适用于其他地区还需要进一步的观察和验证。

三、中国学者的研究

陈雨露（2004）在其《货币同盟理论最优货币区衡量标准的进展》[①]一文中不仅详细地介绍了最优货币区理论，对适合建立最优货币区的标准也做了详细论述，并分析了亚洲能否建立最优货币区。王立军、陈增灵（2004）对东亚地区建立最优货币区进行了可行性分析，认为东亚地区更应该注重汇率制度的甄选，以美元作为最佳结算货币是东亚小国家的

① 陈雨露，边卫红．货币同盟理论最优货币区衡量标准的进展[J]．国际金融研究，2004(2)：4－12.

最优选择。该地区由于缺乏政治经济基础和诱导因素，所以应该放弃对最优货币区的建立 。[①] 谭庆华（2002）[②]对货币一体化进行了实证研究，并在经济冲击相关性的基础上分析了 8 个亚洲国家（中国、新加坡、日本、马来西亚、印度尼西亚、韩国、菲律宾、泰国），整体研究出八国之间的经济冲击相关性呈弱相关，所以不适合建立货币联盟区。研究对象中，东北亚和东南亚地区的经济冲击相关性比较明显。他指出可将 8 个国家分散，以更小的区域组合成"子货币区"，待各"子货币区"发展到一定程度后，再加强彼此的协调融合，最终演变成"最优货币区"。李富有（2004）[③]认为，经过 10 年的发展，整个亚洲的主流货币为：东盟货币、日韩货币和中国货币，亚洲将形成以这三大货币作为结算货币的三大贸易区（东盟货币区、日韩货币区和中国货币区）。何慧刚（2004）认为，东亚货币合作是一个循序渐进的安排，不同时期存在不同的侧重点：在短期内，构建用于实施成员国之间互相沟通信息和在发生危机时采取救援的机制；在中期内，以前一阶段为基础，构建用于实现东亚各国汇率保持稳定的运行机制；在长期内，构建覆盖东亚地区的单一货币区。[④] 姜波克和罗得志（2002）[⑤] 认为，亚洲有可能以日元、人民币或者一种新的货币作为亚洲单一货币，并对这三种货币作为亚洲单一货币做了可行性分析。毕家新（2009）[⑥] 从要素流动、经济发展度、经济开放水平、通货膨胀偏好相似性等方面，分析了中国和东盟建立统一货币区的可能性，设置了建立统一货

---

① 王立军，陈增灵．东亚建立最优货币区的不可行性[J]．金融理论与实践，2004(4)：61－64.

② 谭庆华．对东亚货币一体化的再考察：一个基于经济冲击相关性的实证研究[J]．世界经济文汇，2002(5)：59－69.

③ 李富有．国家准入与平行货币梯度推进：亚洲货币合作的路径[J]．上海金融，2005(7)：29－32.

④ 何慧刚．东亚货币合作的模式探讨和路径选择[J]．亚太经济，2004(4)：12－15.

⑤ 姜波克，罗得志．最优货币区理论综述兼述欧元、亚元问题[J]．世界经济文汇，2002(1)：73－80.

⑥ 毕家新．从最优货币区理论看中国—东盟统一货币区构建[J]．区域金融研究，2009(8)：65－69.

币区的相关程序和目标。任伟、颜芳（2006）① 对中国和东盟国家的要素流动、经济开放度、产品多样性、经济发展水平、通货膨胀偏好的相似性、政策一体化程度等方面做出比较，并认为中国和东盟国家满足了建立最优货币区的条件。曾庆山（2005）② 从政治经济方面分析了中国和东盟货币一体化给双方带来的收益，认为中国—东盟自由贸易区建立货币一体化制度是彼此最好的选择。戴金平、万志宏（2005）认为，由于货币同盟区实施统一货币，货币一体化降低了自由贸易区的汇率波动，规避了汇率风险，从而增强了区域经济一体化，使区域对称性加强。上述效应又反过来提高了汇率的稳定性，使它们之间的相互作用呈现良性循环，从而使动态收益变大。③

“协调失败”是由祝丹涛（2007）在《论货币同盟形成的条件》一书中构建的宏观经济博弈模型的例子。④ 在该例中，他假设 $a+nb$ 为收益，该收益是由使用某种货币的国家产生的，其中在收益中独立于网络外部性的用 $a>0$ 表示，同网络外部性收益相关的用 $b>0$ 表示，使用该种货币的国家数量用 n 表示，则使用该种货币的国家越多，收益就越大，它们呈正比例增加。假设有 A、B 两个各自拥有货币的国家，它们使用本国货币则产生 $a+b$ 的收益。如果两个国家改变自己的货币，采用某种共同货币替代原有的货币，那么在这种情况下收益将增加 b，变为 $a+2b$。与此同时，货币转换带来了额外的成本：过渡成本 s，且假设 $b>s$。因此，A 国与 B 国面临两种选择（不采用、采用）来应对是否采用新的单一货币，其对应的支付矩阵见表 1－5。

---

① 任伟，颜芳．从最优货币区理论看中国东盟货币一体化前景[J]．东南亚纵横，2006(5)：48－51.

② 曾庆山．中国—东盟货币一体化前景的政治经济学分析[J]．经济与社会发展，2005，3(9)：122－124.

③ 戴金平，万志宏．APEC 的货币金融合作：经济与政治分析[M]．天津：南开大学出版社，2004.

④ 祝丹涛．论货币同盟形成的条件[M]．北京：中国金融出版社，2007.

表 1－5　有网络外部性和过渡成本时采用单一货币博弈

		B 国	
		不采用	采　用
A 国	不采用	$a+b$，$a+b$	$a+b$，$a+b-s$
	采　用	$a+b-s$，$a+b$	$a+2b-s$，$a+2b-s$

由于假设 $b>s$，所以 $a+2b-s>a+b$，则（不采用，不采用）和（采用，采用）均为上述博弈存在的两个纳什均衡，而（采用，采用）的均衡收益 $a+2b-s$ 优于（不采用，不采用）的均衡收益 $a+b$，如果 A 国采用单一货币时 B 国不采用，则 A 国得不到 B 国也采用该货币时的网络外部收益，从而承担过高成本，有收益减少的风险，因此每个国家在选择（采用，采用）这一策略时是存在风险的。两个国家可能因为考虑到上述风险就都不采用共同货币。所以，帕累托最优的可被维持的纳什均衡是两国均采用，如果是在"风险占优"强于"帕累托最优"的情况下，这是实现不了的。因此，只有国家之间能够预测到对方也会采用共同货币，帕累托最优均衡才能实现。

目前，国内关于最优货币区的研究大多采取将东亚地区数据与选择出来的最优货币区的某几个判断标准进行简单对比，结论与国外的研究存在较大差距。通过上述方法得出东亚地区能否组成货币区，并以此为基础提出东亚货币区一体化的路径，而对于在中国—东盟自由贸易区建成后，在应该如何推动自由贸易区货币领域的进一步合作方面，理论分析和实证分析方面都比较缺乏。

第二章
中国—东盟自由贸易区与货币合作的发展

中国—东盟自由贸易区的建立经历了漫长的过程，根据区域经济合作与国际货币合作相关理论，区域经济一体化和贸易自由化的不断深化，对自由贸易区而言具有极其重要的现实意义。随着中国和东盟双边贸易的不断扩展，双方需要考虑更高层次的合作，中国和东盟之间有必要加强货币领域的协调与合作。因此，深入分析中国—东盟自由贸易区成员国贸易结构的变化对货币合作的影响，对自由贸易区成员国协调宏观经济政策具有重大意义。

第一节　中国—东盟自由贸易区对建立货币联盟的影响

一、中国—东盟自由贸易区贸易结构的变化

1992—2010 年，东盟国家对中国的贸易额大体呈现逐年递增的趋势（见表 2－1、表 2－2），平均增长率达到 19%。贸易总额由 1992 年的 90.82 亿美元增加到 2010 年的 2927.82 亿美元，增长了 31.2 倍。到 2008 年，中国是东盟第四大贸易伙伴，2009 年跃升为东盟第二大贸易伙伴。

表 2－1　东盟各国对中国的贸易总额　　单位：亿美元

年份	印度尼西亚	文莱	新加坡	柬埔寨	泰国	缅甸	老挝	菲律宾	越南	马来西亚
1992	20.26	0.15	32.67	0.13	13.19	3.90	0.32	3.65	1.79	14.76
1993	21.60	0.11	48.91	0.22	13.52	4.89	0.41	4.93	3.97	17.88
1994	26.41	0.16	50.50	0.36	20.24	5.12	0.40	7.48	5.33	27.40
1995	34.90	0.34	68.98	0.57	33.62	7.67	0.54	13.06	10.52	33.52
1996	37.08	0.39	73.50	0.70	31.45	6.59	0.35	13.88	11.51	36.14
1997	45.15	0.33	87.88	1.21	35.15	6.44	0.29	16.66	14.37	44.17
1998	36.31	0.09	81.79	1.62	36.72	5.76	0.26	20.26	12.46	42.70
1999	48.30	0.08	85.63	1.60	42.16	5.08	0.32	22.87	13.18	52.79
2000	74.64	0.74	108.21	2.24	66.24	6.21	0.41	31.42	24.66	80.45
2001	67.24	1.65	109.19	2.40	70.51	6.32	0.62	35.64	28.09	94.25
2002	79.35	2.63	140.31	2.76	85.57	8.62	0.64	52.59	32.64	142.71
2003	102.29	3.46	193.49	3.21	126.55	10.80	1.09	94.00	46.39	201.27
2004	134.72	2.99	266.82	4.82	173.42	11.45	1.14	133.28	67.42	262.61

续表

年份	印度尼西亚	文莱	新加坡	柬埔寨	泰国	缅甸	老挝	菲律宾	越南	马来西亚
2005	167.87	2.61	331.47	5.63	218.11	12.09	1.29	175.57	81.97	307.00
2006	190.55	3.15	408.58	7.33	277.26	14.60	2.18	234.13	99.49	371.10
2007	251.60	3.59	474.97	9.35	346.99	20.78	2.64	306.46	151.21	464.67
2008	315.16	2.19	524.77	11.34	412.93	26.25	4.02	286.37	194.58	535.57
2009	283.84	4.23	478.63	9.44	382.04	29.07	7.44	205.31	210.48	519.63
2010	427.52	10.25	570.64	14.42	529.48	44.44	10.48	277.48	300.93	742.18

资料来源：EPS 全球统计数据/分析平台，http：//www.epsnet.com.cn。

表 2－2　东盟国家对中国的贸易总额和增长率

单位：亿美元，%

年份	总额	增长率
1992	90.82	
1993	116.44	28.22
1994	143.40	23.15
1995	203.74	42.08
1996	211.58	3.85
1997	251.64	18.93
1998	237.97	−5.43
1999	272.01	14.30
2000	395.22	45.30
2001	415.91	5.24
2002	547.81	31.71
2003	782.55	42.85
2004	1058.67	35.28
2005	1303.61	23.14
2006	1608.38	23.38
2007	2032.26	26.35
2008	2313.20	13.82
2009	2130.11	−7.92
2010	2927.82	37.45

从东盟出口商品结构来看（见表2-3），进出口结构比较单一，商品集中在电器、矿产、机械三大类，这三类商品的进出口总额超过贸易总额的50%。

表2-3　2008—2009年东盟前十大商品进出口构成情况

单位：百万美元，%

年份	商品构成	总额			占东盟贸易总额的百分比		
		出口	进口	进出口	出口	进口	进出口
2008	电器器材、零部件，音响设备，电视器材	175493.3	166069.7	341563.0	23.4	25.4	24.3
	矿物燃料，矿物油及其蒸馏产物，沥青物质，矿物蜡	150380.1	146518.7	296898.8	20.0	22.4	21.1
	核反应堆，锅炉，机器，机械器具及其零件	121640.0	118460.5	240100.5	16.2	18.1	17.1
	交通工具（不包括铁路轨道、电车轨道和铁道车辆），零件和配件	26386.1	26828.9	53215.0	3.5	4.1	3.8
	钢铁	10254.5	38830.7	49085.2	1.4	5.9	3.5
	塑料及其制品	24321.8	22865.2	47187.0	3.2	3.5	3.4
	有机化工	20100.6	17551.5	37652.1	2.7	2.7	2.7
	动、植物油、脂及其分解产品，精致的食用油脂，动、植物蜡	33718.3	3637.8	37356.1	4.5	0.6	2.7
	橡胶及其制品	28375.8	7115.8	35491.6	3.8	1.1	2.5
	光学、照相、电影、计量、检验、医疗或外科用仪器及设备，上述物品的零件、附件	15094.1	17580.2	32674.3	2.0	2.7	2.3
	天然或养殖珍珠、宝石或半宝石，贵金属、包贵金属及其制品，仿首饰，硬币	15138.2	17410.1	32548.3	2.0	2.7	2.3
	其他	129805.0	71228.8	201033.8	17.3	10.9	14.3
	总计	750707.8	654097.9	1404805.7	100	100	100

续表

年份	商品构成	总额			占东盟贸易总额的百分比		
		进出口	出口	进口	进出口	出口	进口
2009	电机、电气设备及其零件，录音机及放声机，电视图像、声音的录制和重放设备及其零件、附件	175788.0	154209.4	329997.4	21.7	21.2	21.5
	矿物燃料，矿物油及其蒸馏产品，沥青物质，矿物蜡	112834.5	128105.3	240939.8	13.9	17.6	15.7
	核反应堆，锅炉，机器，机械器具及其零件	109232.2	105767.8	215000.0	13.5	14.6	14
	交通工具（不包括铁路轨道，电车轨道和轨道车辆），零件和配件	20387.4	21577.7	41965.1	2.5	3.0	2.7
	塑料及其制品	21568.0	19837.7	41405.7	2.7	2.7	2.7
	天然或养殖珍珠，宝石或半宝石，贵金属，包贵金属及其制品，仿首饰，硬币	20246.1	15154.2	35400.3	2.5	2.1	2.3
	有机化工	19169.6	15239.6	34409.2	2.4	2.1	2.2
	光学、照相、电影、计量、检验、医疗或外科用仪器及设备、精密仪器及设备，上述物品的零件、附件	15545.8	16432.7	31978.5	1.9	2.3	2.1
	动、植物油、脂及其分解产品，精致的食用油脂，动、植物蜡	25566.0	2902.5	28468.5	3.2	0.4	1.9
	橡胶及其制品	20843.9	6597.5	27441.4	2.6	0.9	1.8
	前十大产品类合计	541181.5	485824.4	1027005.9	66.8	66.9	66.8
	其他	269307.6	240529.6	509837.2	33.2	33.1	33.2
	合计	810489.1	726354.0	1536843.1	100.0	100.0	100.0

资料来源：国务院发展研究中心信息网：东南亚国家联盟（ASEAN）数据，http：//172.16.9.80：81/DRCNet.OLAP.BI/web/ChannelPage.aspx？channel = sjjjsjk。

二、贸易结构分析

（一）双边互补性分析

首先，中国和东盟国家之间的资源比较优势、产业划分和生产效能等方面的差异，决定了双边及多边贸易互补的必然性。就中国和东盟目前贸易高速发展的趋势来看，资源优势互补形成的产业分工，又使双边的贸易商品和服务在结构和种类上形成较强的互补性，并在国际分工的框架下进一步促进了这种区域分工的良性循环和巩固发展。造成这种双边贸易互补性的重要原因是各国资源禀赋的差异，主要体现在，如菲律宾和印度尼西亚这样不发达的东盟国家拥有大量的自然资源，它们依赖东盟进行资源大量出口来创造收入；同时，中国制造的很多产品在这些东盟国家中拥有大量的需求和优势。这样，资源禀赋的互补就造成了针对各自自然资源和产品的专业化分工，即东盟国家出口中国所需的资源，中国满足东盟国家对一些产品的需求。

其次，从产业分工的更高层面，也就是从产业结构调整，以及产业的承接和转移角度，分析中国与东盟国家的双边贸易时会发现，双边互补性得到了细化和进一步深化。这种细化和深化尤其表现在产业内部也在进行的互补性分工上。造成这种互补性分工的主要原因是，中国和东盟国家在经济发展水平、工业化程度以及产业结构上的梯级差异，而且这种差异大致可以分为三级。在所有东盟国家中，新加坡的经济发展水平是最高的，印度尼西亚、马来西亚、泰国、菲律宾等的水平次之，而缅甸、越南、老挝等的发展水平较低。另外，在工业化水平和产业结构方面也有很多的类似之处。这样就可能认为，经济结构上的相似会影响中国同这些国家的贸易，但实际上，如果对产业进行进一步的细分后可以发现，这些国家贸易之间的互补性和产品之间的比较优势还是非常明显的。例如，马来西亚利用毗邻新加坡的优势，在机械、电子以及交通设备等技术密集型产业方面，具有强于区域内其他国家的竞争优势，产品大量出口；得益于日韩等在机电、信息产品上的产业转移，中国在这些产品上的比较优势也很明显。另外，中国和东盟在大米等粮食产品上也存在差异，在品种、品质等方面的差异造成了很强的贸易互补性，中国巨大的粮食需要也使这种互补性进一步转变成贸易需求。

（二）双边竞争性分析

从双方的产业结构和出口商品分析，中国和东盟各国之间存在一定的竞争关系。以下内容将集中分析双方市场竞争的区域空间和产品构成。

1. 中国和东盟竞争关系的地区分布

中国与东盟部分国家在产品和资源上存在相似性，使双方在出口产品的种类和出口市场上也存在广泛的竞争，而且这种竞争表现在出口数量上、市场份额上的竞争。研究表明，中国和东盟国家不仅在相互之间的贸易中存在着产品竞争，而且这种竞争也表现在对欧美等发达国家出口市场的争夺上。中国的对外贸易直接或间接集中于出口欧美地区以及日本等发达国家，对于东盟国家而言，这些市场也是其主要的产品出口市场。中国和东盟对日本市场的出口依赖度分别是17.08%和13.11%，对美国市场的依赖度更高，分别高达17.75%和26.09%。

2. 中国和东盟的竞争产品分布

中国和东盟国家不仅在依赖的出口市场上存在高度竞争，而且由于这些市场所需的产品一致，造成了中国和东盟国家在出口商品的品种上也存在竞争。某种产品在出口上的重要性可以用该种产品占该国出口的比重来衡量，如果这一比重较大，就代表这种产品有可能成为双方的竞争产品。可以使用相对指标衡量各国出口规模的差异，因为绝对指标不能有效衡量产品出口的重要性水平。以中国和东盟向日本、美国出口的产品为例，可以看出，在中国出口日本的产品分类中，非食用原料和矿物原料等资源类产品所占比重最大，而东盟对日本市场出口的商品结构同中国具有很高的相似度。对于出口美国市场的产品，中国和东盟同样在杂项制品和按原料分类的制成品、半制成品上占有很大比重。

（三）中国—东盟自由贸易区的效应分析

上述研究结果说明，中国和东盟在出口产品上存在相互竞争，对于中国—东盟自由贸易区效应的分析，则体现在双方的生产效率上。首先，中国和东盟同样属于劳动密集型程度较高的生产主体，主要表现在服装、玩具、鞋帽等初级加工的制造业上，相对于东盟国家，即使中国在这些方面正处于劳动力成本快速增加的背景下，也具有相对的竞争力，这也是中国引进先进技术大幅提高了劳动效率的结果。其次，由于产业的转移，中国在电子类产品中的竞争优势正在逐步消失。另外，东盟国家拥有大量诸如木材、橡胶、铜等资源，由这些资源形成的加工型产品的竞争力也比中国强。

根据前人的理论研究以及自由贸易区的实践发展，强化区域贸易合作、调整贸易结构以及相互之间贸易壁垒的消除，会在很大程度上影响区域内各成员国的经济发展、产业结构及对外贸易。这些影响因素包括以下四个方面。第一，贸易创造效果，即当区域内贸易壁垒消除时，区域内的贸易机会增加。第二，贸易转移效应，即贸易壁垒集中于区域外，区域内的产业转移将实现优势互补。第三，市场扩大效果，即区域合作使市场一体化进程加快，市场规模成倍增加。第四，贸易竞争促进效果，即区域合作将促进区域内企业间的竞争。区域合作将导致上述四个方面的效果共同作用，使区域内经济效率提高，加快经济发展的步伐，而例外的是，贸易转移效应可能导致区域外生产效率较高的国家与区域内国家竞争，进而取代区域内国家之间的相互贸易，造成区域内经济的不利影响。

1. 贸易创造效果

自由贸易区的建立有效提高了资源的使用效率，因为自由贸易区形成一个整体，使区域内相对生产成本较高的产品由于比较优势的消失而不再具备竞争力，而且国际分工造成这些产品被区域外其他生产成本更低进口的产品所替代。中国与东盟主要国家，如泰国、印度尼西亚、新加坡、马来西亚、菲律宾，在一定程度上存在相似的贸易产品结构。可以认为，这是一种水平型分工的贸易格局，这种分工格局有力地推动了“贸易创造效果”对双边贸易的影响。因为自由贸易区的建立使原本在产品结构和竞争力接近的情况下所设置的高水平贸易壁垒，不再具有保护国内市场免受冲击的作用，所以消除这种贸易壁垒势在必行，而且必将导致双边贸易的扩大，这时贸易创造效果的基础作用就显现出来了。通过比较东盟主要国家的主要出口产品可以发现，中国和东盟国家在产品种类上存在很大的互补性。例如，以高新技术为主导产业的新加坡，在包括通信、化工、机械、信息技术、计算机科技、科学仪器等技术密集型产业方面存在的优势，就与中国形成很大的互补性。菲律宾的自然资源、泰国的优势农产品、马来西亚的代供电子产业、印尼的能源出口等方面，都具有同中国的相对比较优势，而且将进一步深化。贸易壁垒的消除将为这种优势互补提供更多的贸易机会，使区域内的分工和资源禀赋的优势更为明显。中国巨大的能源需求可以促使与以能源为支柱产业的东盟国家扩大在这一领域的合作和发展，而在农产品方面的需求也可以使一些以农产品为主要出口产品的东盟国家受益；同时，中国的电子及机械产品、服装及纺织品，也可以通过自由贸易区深入这些国家。

2. 贸易转移效应

贸易转移效应考虑的是外部贸易被成员国内部贸易替代，这种替代是由于贸易壁垒消除，使区域外在原有比较优势基础上发展起来的产品出口逐渐转向区域内的贸易。显然，贸易转移效应不一定有利于优化全球的资源配置。正如前面介绍的中国与东盟各国都属于发展中国家，其产业结构和贸易品结构存在很大的相似性，都是出口劳动密集型产品，进口资本、技术密集型产品，所以建立了自由贸易区后，区域内贸易也不会很大程度地取代原来各自与区域外国家的贸易往来。虽然这一“弱点”使贸易转移效应下降，但是全球配置所带来的弊端也能够因此被有效地避免。与西方发达国家相比，中国和东盟具有相似的出口产品种类和结构，并且产品的国际竞争力也属于同一水平。中国和东盟国家的主要出口市场在贸易商品的结构上都存在很大的依赖性，而且通过具体分析可以发现，中国对外贸易额的70%集中在北美、日韩、欧盟以及中国台湾和中国香港等发达国家和地区，而东盟对中国这些主要出口市场的贸易额更是占到其区域总贸易额的75%。同样，相似的贸易商品种类和结构也导致中国和东盟国家与区域外国家的贸易相对于区域内贸易更具有互补性。这一点从中国和东盟国家同欧美发达国家市场生产类型的差异上就可以看出，全球贸易的互补性更强。欧美发达国家市场提供的大多是以技术或资本密集型为主导的商品或服务，主要集中在基于高新技术的机械、电子设备等制成品领域，而中国和东盟国家向欧美市场提供的则是劳动密集型、附加值不高的初级产品或者半制成品，主要包括鞋帽、服饰、代供电子产品及消费日用品等。综上所述，自由贸易区贸易虽然可以解决和扩大区域内的贸易往来，但是由于区域内成员国相似的贸易商品结构，决定了区域内贸易在很大程度上难以取代与西方发达国家间的贸易，因此自由贸易区可能产生的贸易转移效应不是很大。

3. 市场扩大效果

建立自由贸易区将整合原有成员国各自的国内市场，优化市场的结构，形成一个扩大化、统一性的自由市场。这样不仅使成员国在内部分工上实现了专业化和规模化效益，更重要的是提升和扩大了整个市场在国际市场上的竞争力。中国—东盟自由贸易区巨大和自由的贸易市场在规模上仅次于欧盟和北美的自由贸易区，这样巨大的市场需求将给区域内优势企业带来前所未有的发展机遇。特别是自由贸易区建立以后，贸易壁垒的消除以及区域内市场的自由化会使成员国之间的市场更加畅通，联系更加方便，这种紧密的沟通和联系将整合成员国的国内市场形成统一的大市场，利用成员国的比较优势进行产品和市场分工，以实现市场专业化和规模化发展。另外，贸易壁垒的消除使企业的交易成本降低，原材料采购以及对区域外贸易更加便捷等，更有利于区域内的产品和服务在国际市场竞争力的提升。

4. 贸易竞争促进效果

自由贸易区的建立使区域内原有的相似产业竞争白热化，笔者在分析中国和东盟出口商品的种类和结构时发现，双方存在相互竞争的出口产品比重较大，且这些竞争产品主要集中在劳动密集型等初级、半制成品上，如原材料、纺织品等技术含量较低的产业。另外，由于西方发达国家市场的产业转移，中国和东盟国家在引进先进技术的同时，也共同承接了一些技术密集型产业，这就造成了双方在机械设备、电子产品等领域也存在竞争关系。而无论双方谁取得了竞争优势，结果都是使资源更加迅速地在国际寻求最佳配置。因此，产品和服务的竞争将进一步带来技术、人才、管理等领域的相互竞争，只有不断实行技术创新和人才引进，才能在更加激烈的市场竞争中站稳脚跟。这种良性和自由的竞争将进一步带来整个产业结构的优化升级，以及更加合理的资源配置。

综上所述，建立自由贸易区的巨大效益不会因为中国和东盟国家在产业和贸易方面的竞争性而减弱。在贸易对区域外的转移效应不明显的前提下，建立自由贸易区应当争取贸易最大化所带来的其他效果，增进双边交流和合作，加强相互理解和促进区域内经济的发展，给自由贸易区的发展带来巨大的机遇。

三、中国和东盟建立货币联盟的必要性

伴随着中国—东盟自由贸易区的建成，区域内投资和贸易一体化继续发展的结果必然需要宏观经济政策的协调统一。因此，在中国—东盟自由贸易区的发展过程中，如何满足这些需求，如何深化区域内各国宏观经济政策，特别是货币金融领域的协调与合作，就很现实地摆在面前。

（一）中国—东盟自由贸易区的建立要求各国建立一个高效和安全的货币体系

从微观层面上看，区域经济和货币一体化以及建立自由贸易区可以有效降低交易成本，使国内经济不会受到汇率浮动带来的不确定性风险造成的损失，并且能更加合理有效地使用货币的收益；而从宏观层面上看，这种经济的紧密合作形成的是宏观经济效益，一致对外的货币金融政策能有效抵御国际热钱等金融资本的冲击，也可以说，能有效地通过共同的防御措施分摊风险。基于此，中国—东盟自由贸易区的货币合作，应该被定位在能够避免遭受外部不确定性因素的冲击上，以实现宏观经济的稳定发展。1997 年席卷东南亚的亚洲金融危机使东盟各国认识到，在更加紧密的全球贸易和经济发展的大背景下，一国抵御金融风险的力量是不足的，只有通过深化区域金融合作和形成货币合作制度，形成一种联合抵御外界风险的机制，才能有效地防止外部冲击。

在当前和未来的经济发展中，存在许多威胁各国经济安全和稳定发展的因素。第一，金融自由化是一种趋势与发展方向。虽然始于 20 世纪 70 年代末 80 年代初的发展中国家金融自由化改革给一些国家带来了巨大的副作用，甚至导致了巨大的经济破坏，但要发展经济，金融自由化的改革是一道避不开的坎。并且，金融自由化宜早不宜迟，在金融自由化过程中肯定会出现许多不确定性风险。第二，全球经济的自由化带来了巨大的国际

游资。这些热钱会寻找一切有投机空间的市场，甚至不惜以攻击该国金融体系为目标来实现其经济利益。第三，全球的发展不均衡导致新的国际货币体系不可能在短期内实现，这样全球范围的金融合作以及危机应对机制也不可能在短期内建立和完善，周期性经济衰退的不断发生和贸易保护主义的蔓延必然导致汇率的大幅度波动。第四，经济发展虽然使中国和东盟各国都在对各自的金融体制进行不同程度的改革，但是相对西方发达国家完善的金融体系则明显不足，所以金融体制的不完善导致金融危机爆发的风险依然存在。那么，如何通过改革缩小同发达国家之间的差距，有效防范和化解金融风险呢？货币和金融合作将是保证国家经济利益不受危机冲击的一个很好的选择。然而，就目前中国和东盟国家的货币合作情况来看，并没有建立完善的制度机制，形式仍然松散和非正式化，所达成的仅仅是一些合作共识，不具备相应的法律效应和约束力。

（二）贸易和经济结构的差异要求加强货币金融合作

一直以来，各个国家都需要通过寻找国外市场来输出各自的优势产品，进口资源也可以在激烈的市场竞争中得到，这种国际贸易的形成是由于各国在经济发展水平、产业结构和资源禀赋等方面存在巨大的差异。21世纪以来，技术的巨大进步使经济全球化出现了全新的格局，全球化的市场也要求形成能够制约和管理该市场的国际经济制度。但是，经济全球化虽然要求形成国际范围的多边合作机制，却因为无法满足全部国家的需求以及地缘政治等原因而无法得到广泛的共识，因此寻找双边或者区域性的贸易合作将是一种形成货币和经济合作的有效方法。实践证明，近年来区域性经济合作在一些地域兴起，国家的市场边界概念日益模糊，一个国家可以通过加入某一区域合作体系来实现更加全面的发展，并且带动了经济区域化的迅速发展。自由贸易区对于中国和东盟国家来说是一个很好的实现经济区域化的方法，不仅使各国间的经济依存和合作关系更加紧密，而且政策的相关性和相互作用也更加明显，这就要求各国在制定经济政策时应该互相理解、互相协作。只有通过统一的货币政策逐步实现货币的一体化，才能有效降低区域内贸易和投资的交易损失和成本，减少市场和信用的货币风险，进而使金融危机所带来的冲击最小化。另外，货币金融政策的协调机制还表现在，随着中国—东盟自由贸易区的建立，各国之间的经济问题和金融风险将更加复杂化，只有形成合作共赢机制，进而将各自为政的经济政策转变为统一的货币金融政策，才能有效实现自由贸易区的稳定发展。也就是说，通过货币合作乃至达到货币一体化，才能使贸易自由化所带来的收益最大化。

（三）加速资源的自由流动改善资源配置质量，促进自由贸易区的经济增长要求加强货币金融合作

促进资源在自由贸易区的优化配置是建立自由贸易区的首要目标。资源在社会经济活动中配置的质量，是决定经济增长的最重要因素，而资源配置是否最优在很大程度上取决于社会和投资者对信息的掌握程度。因此，信息成本的下降有利于投资者改善投资决策，并使社会资源配置的质量有所提高。促进中国和东盟国家的货币一体化，可以减少资源配置中信息不对称问题，降低对企业经营状况及企业家才能等方面信息了解的成本和金融市场的风险，促进要素的自由流动，更加有效地引导资本在自由贸易区的配置，从而促进经济增长。

第二节　中国—东盟货币合作现状和存在问题

一、中国—东盟货币合作现状

区域性货币合作包括金融监督与救助、货币合作和区域金融组织建设。中国与东盟的合作集中在金融监督与救助方面。

（一）地区监督机制发展情况

1997 年 7 月，由泰铢贬值引发的亚洲金融危机很快蔓延到东南亚多个国家，给东南亚多国造成了沉重的打击。究其原因，主要是各个国家缺乏相应的金融监督与管理机制。金融监督部门应对各级金融机构的日常运作实施监督，及时发现问题，迅速解决问题。金融监督的一个重要功能是危机预警，在有危机萌芽的情况下立即采取行动，可以在一定程度上预防危机的发生。国家的监督机制偏向对企业内部的强化监督，更具管理性质。地区监督机制则更偏重于风险预警，它通过收集分析相关信息达到对未来的预测，并发出不同等级的预警。地区监督机制能否有效运行，在很大程度上取决于信息的披露程度。德国中央银行前行长提特梅耶认为，金融业的自身监督是根据各国金融业在全球化过程中放松管制的条件，评议参与各国金融机构在经营过程中各方面的缺点，从而评价金融机构在经营过程中产生的风险，健全金融机构的管理体制，以防范经营过程中产生的各种

风险 。[①] 为了避免危机重演，中国同东盟国家做出了很大努力。1998 年 10 月，东盟各国财长签订《理解条约》，该条约就各国金融监督合作事宜做出了具体规定。地区监督机制建立在参与国互相协作的基础上，增强了参与国的内部决策能力。

（1）监督机制要求参与国提高彼此的关注度，互助式找出潜在危机，并在第一时间做出反应。

（2）监督机制要求参与国采用适当手段评估导致危机的因素。

（3）监督机制统一制定并推行标准的金融行为规范，提高参与国际协作的能力。

（4）对可能存在金融风险的机构进行经常性的风险评估，改善成员国的监管环境。

双方签订的监督机制，一方面监督汇率变动和经济运行情况，另一方面监督参与国的公司与金融部门。监督机制非常注重机构间的信息共享。

自条约签订以来，监督机制便逐步开始运行。在监督机制运行期间遇到了一些障碍。第一，信息透明化困难。某些金融数据是国家的经济机密，关乎国家的经济安全和稳定，各国政府对完全公开经济数据都有顾虑。第二，国情差异带来的障碍。各国又本着不干涉内部事务的原则，导致实施完全互助式的监督机制存在极大的困难。第三，缺乏强健的执行机构。中国—东盟自由贸易区秘书处规模较小，很难管理范围大且松散的自由贸易区。所以，建立有效的监督机制困难重重，但中国和东盟仍在努力构建该机制。1997 年 11 月建立的旨在实施地区监督的“马尼拉框架小组”，为中国和东盟建立监督机制起到推动作用。2001 年的“10 + 3”财长会议，就早期预警系统的建立提出了实质性意见。

---

① HANS TETMEYER. International cooperation and coordination in the aera of financial market supervision and surveillance[EB/OL]. (1998 - 11 - 24). http://www. bundesnfinanztninisterium . de/tieteng. htm.

（二）危机救助机制发展情况

亚洲地区因缺乏地区经济救援力量，导致金融危机在亚洲蔓延。在这次沉痛的教训后，亚洲国家和地区意识到单靠一个国家的力量不能防止危机蔓延，于是更加坚定了建立地区货币合作机制，特别是建立金融危机救助机制的意愿。中国—东盟投资合作基金虽是最早被提出的金融救助机制，但由于缺乏共识而最终没能实施。2000 年 5 月，在东盟和中日韩“10 + 3”财长会议上，中国、韩国、日本以及东盟签署了《清迈协议》，达成建立货币互换机制的共识。各国间实施货币互换，不仅可以防止汇率变动带来的风险，而且能在一定程度上避免国际游资的袭击。《清迈协议》内容如下。第一，经济监督和数据公开。应该公开的数据包括外汇储备和国内金融变量的数据，中央银行资产负债平衡表中不包括的衍生金融工具也应该被公开。因为只有公开了数据才能制定具体的金融合作战略。第二，建立一种地区性磋商机制。其功能是在没有危机时对成员国经济发展、经济结构、金融市场和经济政策进行长期跟踪监督，通过对成员国施加压力阻止其实行可能导致危机的政策。第三，扩大货币互换规模。如果预先存在一个可以提供紧急性无条件信贷的地区金融机构，那么对专门从事投机的金融巨头就会产生威慑效应。第四，亚洲货币基金应建立一套危机预警系统，包括一套宏观谨慎的指标体系和可行的指导机制。东盟和中日韩“10 + 3”财长会议上签订的《清迈协议》对中国—东盟的货币合作起到历史性的推动作用。

（三）双边互换和回购协议

双边互换和回购协议是以美元为基础的，用货币互换向成员国提供的短期流动性支持。签订互换协议的成员国可以使用期限为 90 天的互换和回购协议。互换和回购协议金额上限的 10% 部分可以自动支付，与国际货币基金组织（International Monetary Fund，IMF）的规定无关。2000 年 5 月，中日韩和东盟国家财长共同商议建立互换和回购机制。到 2010 年，各国已签署了多个双边协议。这一机制起到了三个作用。第一，互换和回购是对国际货币基金组织提供资金支持的有效补充。第二，成员国的资金援助与国际货币基金组织提供的援助虽然是相互联系的，但是超过提款权最大金额 10% 的部分与国际货币基金组织无关。第三，在协议中，互换金额由双方商议决定，可以随不同情况灵活变动。

（四）相互设立金融分支机构

随着中国同东盟之间服务贸易的增加，金融服务业得到很大发展。2011 年，中国境内有 30 多家由东盟 10 国设立的银行，这些银行涉及多项金融业务领域。同时，中资银行也大举进入东盟国家。中资银行在东盟开展的金融业务非常广泛，如国际结算、汇款、拆借等。目前，中资银行正在拓展投资银行、中国公民个人理财等业务。

（五）银行双边结算网络初步建立，跨境人民币贸易结算稳步增长

我国国有商业银行省级分行与越南等国家银行签订了多份双边结算协议，银行间跨境贸易人民币结算业务增长迅速。截至 2011 年 9 月，我国设立的试点银行办理了 20440. 6 亿元的跨境人民币结算业务，其中 80% 左右的结算业务都是与东盟国家发生的。结算协议的签订促进了中国同东盟之间双边贸易的投资，促进了双方经济的快速发展。

二、中国—东盟货币合作存在问题

与欧盟相比，中国—东盟货币合作尚处于起步阶段，而欧洲货币合作已有 50 多年历史。究其原因，欧盟国家的文化、宗教和政治传统接近，而中国和东盟国家在这些方面存在较大差异。除此之外，中国和东盟国家的货币合作还存在以下问题。

第一，历史和文化背景、政治经济制度存在较大差异，以及各成员国

之间不同的政治经济利益促使各成员国难以建立互信机制，这是货币合作进展缓慢的主要原因。东南亚国家联盟（Association of Southeast Asian Nations，ASEAN）简称东盟，于1967年成立，最初的目的是维护地区政治稳定和安全。20世纪80年代之后，东盟在经济合作方面发展很快，1992年提议建立自由贸易区。东盟在经济合作进程中形成了独特的传统，其典型特征：一是以非正式性合作为主，二是主要寻求达成共识。这与欧洲国家多边合作的传统完全不同。欧洲国家强调消除彼此立场分歧的途径是，建立一种正式的制度来实现利益的妥协，以达成合作。东盟的这种非正式合作传统不适合区域货币合作，因为货币合作意味着各国要逐渐放弃制定货币政策的权力，而该传统导致货币合作难以取得实质性进展。

第二，中国—东盟自由贸易区各成员国的经济制度、经济结构和经济发展水平存在巨大差距。目前，各国的现实条件对在自由贸易区建立货币联盟还有一定限制，主要表现在四个方面。一是经济发展水平差距很大，各成员国的人均国民收入有较大差异。二是自由贸易区内各要素缺乏足够的流动性，各国对国家间要素流动的限制严格。三是各国产业体系存在较大差异。四是多数成员国的金融市场不完善。除了新加坡是国际金融中心外，中国、马来西亚、印度尼西亚、文莱、菲律宾等的金融市场发展迅速，其他国家的金融市场则都不发达。

第三，缺乏一个发挥主导作用的国家。欧洲货币一体化的成功主要得益于欧洲两大国，即德国和法国的合作，以及马克和法郎的长期稳定。虽然中国的经济实力在不断增强，国际地位也不断提高，且在自由贸易区经济贸易活动中占有很大份额，所以应该在区域货币合作中发挥更大作用，但是人民币的地位和国际化程度还难以与当今世界的主要国际货币相匹敌，人民币要想成为像美元、欧元、日元和以前的德国马克、法国法郎一样的世界性货币，还有一个漫长的历程。因此，在中国—东盟货币合作的进程中形成核心国家还需要一个过程。

第三章

中国—东盟银行体制和证券资本市场比较

20世纪70年代以来，中国和东盟国家采取了一系列金融改革措施，减少了银行业管制，撤销了抑制金融发展的政策，极大地推进了经济发展。目前中国和东盟国家的金融体系正是在此基础上逐渐形成和完善的。随着自由贸易区经济一体化的不断加深，建成高效的金融体系对于提高多边经贸、投资合作、降低金融风险尤为重要，因此中国和东盟国家建立货币联盟是大势所趋。

第一节　银行体制比较

一、中国银行体制概况

经过多年改革，中国银行业认真贯彻国家宏观调控政策，继续优化信贷结构，促进经济发展方式转变和经济结构调整，金融服务质量和水平得到不断提升。2010年，银行业改革发展成效显著，中国农业银行的成功上市标志着我国大型商业银行股份制改革基本完成。政策性金融机构改革和农村金融体系改革稳步推进，银行业稳健运行的基础进一步巩固。银行业主要指标的水平保持良好，重点领域风险管控能力加强，行业稳健性标准和监管力度有效性提升，风险管理和危机应对能力显著增强，整体呈稳健发展态势。

随着银行的经营规模迅速扩大，资产负债规模也继续扩大。截至2010年末，银行业金融机构资产总额95.3万亿元，同比增长19.9%；负债总额89.5万亿元，同比增长19.2%。银行业金融机构本外币存款余额73.3万亿元，同比增长19.8%；本外币贷款余额50.92万亿元，同比增长19.6%。存款活期化趋势明显，其中全年新增住户存款中活期存款占56%，全年新增非金融企业存款中活期存款占55%。

银行的经营效益显著改善，资产质量不断提升，2010年银行业金融机构不良贷款余额和不良贷款率继续降低。截至2010年末，商业银行不良贷款余额4336亿元，比年初减少731亿元；不良贷款率1.13%，比年初下降0.46个百分点。同时，拨备覆盖率高位提升，风险抵补能力不断增强。截至2010年末，商业银行拨备覆盖率为217.7%，同比提高64.5个百分点；贷款损失准备充足率为230.7%，同比提高50.8个百分点。盈利持续快速增长，2010年，银行业金融机构实现税后净利润8990.9亿元，同比增长34.5%，增速同比上升20个百分点；资产利润率1.03%，资本利润率17.5%，同比分别上升0.09个和1.26个百分点；实现净营业收入25482.4亿元，其中利息净收入16886.6亿元，同比增长36.3%；手续费、佣金等中间业务收入3635.58亿元，同比增长24.3%。2010年，中国工商银行、中国银行、中国建设银行和交通银行进一步巩固和深化改革成果，继续完善公司治理，不断提高决策水平和效能，全面提升风险管理和内部控制水平，采取多种方式补充资本金，使各项指标持续改善，综合实力稳步增强。截至2010年末，上述四家国有商业银行的资本充足率分别为12.0%、12.5%、12.4%和12.1%；不良贷款率分别为1.09%、1.20%、1.01%和1.13%；税后利润分别为1564亿元、995亿元、1333亿元和418亿元。

银行的经营风险得到有效控制，流动性整体充足。截至2010年末，银行业金融机构流动性比例为43.7%，同比下降2.1个百分点；流动性缺口率为-2.7%，同比上升10个百分点；存贷比为71.8%，同比下降0.07个百分点；人民币超额备付金率为3.51%，同比下降0.73个百分点。银行业的流动性整体较为充足，但存款活期化和贷款长期化趋势明显，期限错配风险有所加大。2010年，有关部门加强对地方政府融资平台债务的清理；对房地产贷款实施差别化信贷政策，开展压力测试，严厉查处零首付、假按揭等违规行为；积极调整贷款结构，严控“两高一剩”行业贷款；规范银信合作理财、信贷资产转让和银行代理保险业务，强化合规经营和风险管理。经过整顿，银行等金融机构的不良贷款额有所降低，且保持在较低的比率，然而从长期来看，银行管控信贷风险的压力仍有上升趋势。首先，银行积极拓展放贷业务，贷款总额增长迅猛。在所有的贷款业务中，政府融资平台、房贷等业务的信贷额增长幅度偏大，在外部经济环境不稳定的情况下，贷款回收率可能下降。其次，贷款方向过度集中。2010 年，新增贷款偏向投入到个人贷款、批发零售业、制造业和交通运输业中，贷款额环比增长 7.2%，占新增贷款总额的 66.7%。从贷款时限方面看，中长期贷款增长强劲，全年新增额达到了 6.95 万亿元。新增贷款中约 83.2% 属于中长期贷款，同比增长 15.7%。再次，银行业极速扩张，范围涵盖量不断扩大，高速增长也带来了巨大的经营风险。最后，资本质量持续提升。我国商业银行资本主要由质量较高的普通股和储备等核心资本构成，与国际同业相比，次级债务、优先股等损失吸收能力较弱的附属资本占比不高，资本质量保持在较高水平。截至 2010 年末，商业银行核心资本占资本净额的 85.83%，比 2005 年商业银行股份制改革初期提高了 20 个百分点，保持了较强的损失吸收能力，使资本质量持续提升。

中小商业银行公司的治理不断改进，差异化、特色化经营模式取得积极进展，在华外资银行继续保持稳健运营。其中，光大银行改革重组工作进一步深化，财务指标全面改善。2010 年 8 月 18 日，光大银行股票在上海证券交易所挂牌上市，募集资金 213 亿元。综合经营和金融创新均取得新进展。2010 年，有 8 家商业银行投资设立了基金管理公司，4 家商业银行投资入股保险公司，7 家商业银行设立或投资入股金融租赁公司，2 家商业银行投资入股信托公司。金融创新稳步推进，小微企业金融服务创新取得新进展。截至 2010 年末，共有 109 家商业银行成立了小企业金融服务专营机构，小微企业评级及定价制度不断优化，部分银行开发了联保贷、租权贷、应急贷、订单贷、专利权质押贷款和中小企业集合票据等一系列创新产品。

改革开放以来，中国金融业在对外开放的浪潮中得到很好的发展。截至 2020 年底，已经形成了功能齐全、分工合作的商业性金融与政策性金融协调发展的金融体系。加入世界贸易组织（WTO）后，面对纷繁变化的外部环境，中国金融业大胆尝试改革，探索出适合行业发展的改革道路。中国银行业受到外部银行的竞争压力显著，盈利单薄。为了扭转不利形势，中国银行业必须尝试从业务单一的传统商业银行向金融业务创新的现代商业银行转变。我国传统商业银行主要依靠传统业务盈利，但随着国际环境日益复杂，传统业务利润被摊薄。中国银行业务可以向利润丰富、监管宽松的资产负债表表外业务转变，最终将金融衍生工具的交易变成主要的发展业务。同时，中国金融机构可以突破分业经营的框架，开展多元化金融业务，改善市场分裂情况，最终实现金融混业化发展。

但是，随着中国银行业的迅速扩张，中国银行业的发展也表现出一些问题，主要有以下四点。

第一，金融体制与实体经济体制不匹配。20 世纪 90 年代以后，随着中国经济体制改革的不断深化，企业的所有制结构发生巨大变化，经济多元化、企业市场化、产权多元化，法人、自然人经济生活独立自主权利、发展权利扩张，经济活力增强。相比之下，金融体制变化不明显，活力较差。从逻辑关系来看，为实体经济服务的金融体系所反映的应该是实体经济发展的要求。由此可以看出，金融体制改革对于实体经济体制改革有滞后期是合乎逻辑的，我国目前的金融体制改革就处于这个滞后期内，而且金融体制与实体经济体制不匹配是全方面的，这在以下两方面尤为明显。

（1）约束机制与激励机制不匹配。为了加速压低不良资产率，商业银行实行严格的贷款质量约束制度，甚至提出“零坏账”要求。虽然制定拖欠还款的个人责任制，甚至终身跟踪制，但约束易、激励难。作为以营利为目的的商业银行，最主要的是产权激励，与其相应的经营者选择制度、劳动人事制度、分配制度等激励都不是短期能做到的，也没有大动作出现。缺乏激励匹配的约束，易导致“人紧则无智”“不求有功但求无过”，从而更缺乏活力。

（2）人力结构和职工知识结构与变化中的经营环境、服务对象、工作业务不匹配。我国以四大国有商业银行为主体的银行业，人力结构和职工知识结构都是为旧体制准备的，有待逐步完善和改进。宏观经济体制改革使商业银行由政府机构向企业转变，银行与企业由资金供给依靠关系向买卖关系转变，服务对象由国有经济向社会经济转变，经营业务由以存贷款为主向存贷款与中间服务并重转变，经营环境由封闭向开放转变，还可能由分业经营向混业经营转变，所以人力结构和职工知识结构与此不匹配既是必然也是现实存在的，人才缺乏更是十分明显。职工知识结构不适应变化的经营业务，使经营效率不能明显提高，一些技术含量高的服务产品不能被推出或普遍推广，信贷业务也受到影响。当知识不足以判断放贷项目的收益和风险时，唯一的选择就是放弃，当然也就放弃了诸多获利机会。

第二，金融所有制结构与实体经济所有制结构不匹配。我国银行系统原是国有银行“一统天下”，虽然在改革开放过程中相继建立了股份制银行和城市商业银行，但四大国有商业银行占有的信贷资源仍占绝大部分，而且在股份制银行和城市商业银行资产中，地方政府和国有法人股东也占有绝对地位，所以商业银行系统基本仍是国家所有制。然而，国有经济占 GDP 的份额只有1/3，非国有经济占2/3，商业银行系统所有制结构与实体经济所有制结构很不匹配，由此形成了在信贷资源分配上国有经济与非国有经济不对称。从经营角度讲，对于以营利为目的的商业银行，国有和民营没有什么区别，但国有银行的思维定式、驾轻就熟的路径依赖，使放贷倾向于国有企业。

第三，缺乏为中小民营企业提供金融服务的小型银行。金融机构的建立是构筑在实体经济需求基础上的，金融机构的主要作用就是保障实体经济健康快速地发展。只有金融体系和实体经济相适应，才能实现金融资源高效配置，也使金融服务双方减少交易成本。实体经济中企业规模有大、中、小三个层次，中小企业数量所占比重较大。国外金融机构分类明显，有不同类型的金融机构专门为大、中、小企业提供服务。日本有大批中小型金融机构专门为中小企业提供服务，该比例达到了97%。美国、意大利也有众多与之匹配的金融机构为中小企业提供金融服务。就我国目前的情况来看，99%的企业是中小企业，数量达到2000万家以上，然而，我国缺乏与中小企业规模相匹配的中小金融机构为之提供金融服务。我国各类银行大部分集中于发达地区和一些大城市，更愿意为大企业提供贷款，完全无法解决中小企业贷款难的问题。究其原因是缺乏相应的中小金融机构与中小企业相匹配，无法支持它们的发展。

第四，金融机构与实体经济不匹配，已构成制约经济发展的瓶颈。现代经济最主要的支撑力量是金融，我国金融业与实体经济不匹配，已构成制约经济发展的瓶颈，并主要表现在两个方面。一是金融堵塞。一个有效的金融体系应该将社会剩余资金调动起来，并用于有关经济活动。金融与实体经济不匹配，致使银行大量存款不能进入实体经济，银行资金闲置与企业资金紧张现象并存，即“没有紧缩的通货紧缩”。二是资金逆配置。一个有效的金融体系应发挥资金资源优化配置功能，将社会资金资源配置到经济活动高效处，高效使用使其创造高效益。金融与实体经济不匹配，使一部分资金配置于低效处，而高效经济活动得不到充足的资金支持，资金市场、资本市场都存在这种现象。金融与实体经济不匹配也制约着金融体系自身的发展，商业银行资金积压和中间服务产品创新不足，导致尽管有不少垄断收益但经营效益很差；资本市场融资和交易量减少，导致证交所、证券公司和基金公司经营困难。虽然金融与实体经济不匹配是我国经济生活的重要问题，但辩证地看，问题往往是潜力的显露，问题的解决和潜力的释放带来的是经济快速发展。改革开放的实践表明，经济就是在不断出现问题、不断解决问题中发展的。加快金融体制改革，建立与实体经济相匹配的金融体系，有利于我国经济走上长期快速发展的轨道。

二、东盟国家银行体制及其与中国的比较

东盟 10 国的社会制度和经济体制差异较大，泰国、新加坡、文莱、印度尼西亚、马来西亚等的经济比较发达，金融体系比较健全，特别是 1997 年亚洲金融危机以后，各国吸取经验和教训，改革和完善本国金融体系，基本形成了比较健全的金融体系。而其他国家则由于政治和经济发展落后、社会动荡等导致金融发展滞后。下面分别简单介绍东盟各国的银行体系。

（一）泰国的银行体系

泰国的银行体系大致由四部分组成：中央银行，即泰国银行（BOT）；商业银行，包括全能银行、零售银行、外国银行分行、外国银行子银行；政府专业银行，包括国家储蓄银行、农业银行、政府住宅银行及泰国进出口银行等；其他金融公司，包括金融及证券公司、保险公司、信用公司、投资信托公司等。除了这些正式的金融企业外，还包括一些非正式的金融组织，如共同金融协会和非官方组织基金会等。

泰国实行以中央银行为领导、商业金融机构为主体、政策性金融机构为补充的专业化银行制度。各种非银行金融机构的发展和金融市场的初具规模，使传统非正式信贷机构和市场仍活跃于农村。

泰国实施单一制中央银行，泰国银行是泰国的中央银行，由泰国国家银行局发展而来。泰国银行成立于 1942 年，资本 0.20 亿泰铢，储蓄额 4867.62 亿泰铢，拥有四个分行，总部设在曼谷，在宋卡和南邦设有办公室，最高权力机构是董事局。

泰国的银行机构众多，只有少数几家属于政府，大多数为私人所有。在泰国金融体系中，力量最雄厚、对国家经济最有影响力的金融机构是商业银行，在泰国金融体系中所占市场份额约为 76%。此外，泰国商业银行

吸收家庭居民储蓄存款占到储蓄总额的70%以上。盘谷银行（BBL）、泰京银行（KTB）、泰华农民银行（KBANK）和汇商银行（SCB）是泰国四大商业银行，其经营规模占泰国金融市场的绝大部分。商业银行系统是泰国金融体系的支柱，不仅提供现金管理、资金运营、投资、大中小企业业务、零售业务等金融服务，还涵盖证券、保险、租赁、租购、保理、基金管理和私人财富管理金融产品等全能金融服务，由泰国银行负责监管。截至2009年12月，泰国商业银行系统包括14家全能银行、2家零售银行、15家外国银行分行和1家外国银行子银行。

全能银行中又以盘谷银行、泰京银行、泰华农民银行和汇商银行的规模最大，占据了全能银行2/3的资产份额。截至2009年底，14家全能银行在泰国金融体系中占有62%的资产份额。此外，零售银行仅能向中小企业或零售客户提供有限的金融服务，不允许经营诸如衍生金融产品和风险管理产品业务。

外国银行分行在分行数量（最多可设立3家分行）、国内融资等方面有较多的限制。外国银行子银行仅允许设立4家分行，其中1家可设在曼谷及邻近地区，其余均须设在外府。在15家外国银行分行中，中国银行曼谷分行于1994年正式设立；2012年1月，中国银行设立拉差达分行，2月设立罗勇分行。2009年，中国工商银行收购泰国ACL银行99%的股份，成立中国工商银行（泰国），其19个分行遍布泰国的曼谷、清迈、普吉等大中城市和旅游胜地。

值得注意的是，泰国商业银行存款担保机构法已于2008年8月11日生效，在该法律实施前客户在商业银行存款得到金融机构发展基金的全额担保。根据该法，2011年8月11日前，客户存款仍受到全额担保。2011年8月11日至2012年8月10日，个人客户在每家银行每户存款担保额减至5000万泰铢。自2012年8月11日起，个人客户在每家银行每户存款担保额减至100万泰铢。

泰国还存在政府专业银行。政府专业银行是支持政府落实经济政策，向特定群体提供金融支持的政策性金融机构，由财政部监管，包括国家储蓄银行、农业银行、政府住宅银行、泰国进出口银行、泰国中小企业发展银行、次级抵押公司、泰国伊斯兰银行、泰国资产管理公司和小型企业信贷担保公司等。其金融服务范围涵盖了住宅信贷、中小型企业信贷、进出口信贷及小额信贷等。专业金融机构能够为各类客户特别是无法从商业银行获得信贷的低收入客户群体提供服务。截至2009年底，政府专业银行在泰国金融体系中约占16%的资产份额。

与中国银行业相比，泰国金融业经历了较长的发展过程，在经受了1997年亚洲金融危机之后，其金融机构重组取得了实质性的进展，金融体系趋于完善，主要有以下特点。第一，金融体系发展日趋平衡、合理。泰国的银行业发展较早，银行体系建立于20世纪40年代，已经建立了以中央银行为核心的完善的二级银行体制，为泰国的经济发展做出了巨大贡献，形成了以银行信贷间接融资为主导的融资方式。在金融系统中，私人商业银行和金融公司在金融资产、存贷款方面都占据主导地位。第二，非银行金融机构发展较快，金融结构趋于多样化。以证券公司、保险公司、金融公司等为主的非银行金融机构发展较快，使泰国的金融结构日益多样化。20世纪70年代以来，泰国经济发展迅速，建立了大量的金融机构，并于80年代在资产规模和服务范围方面得到进一步发展。这些非银行金融机构的发展，改变了泰国金融业长期以来以银行为主的局面，完善了泰国的金融体系结构，对泰国经济的发展产生了积极、重大的影响。第三，银行系统受到政府的严格保护，四大商业银行主导金融市场，这一状况与中国相似。

中国和泰国的银行体制存在差异。第一，泰国的中央银行实行股份制，有专门的存款担保机构为储户的存款提供担保，这一制度实质上是存款保险制度。第二，泰国的商业银行多数是私人银行，采取全能制经营，不仅经营传统的银行业务，而且经营证券、保险等非银行业务，还经营金融衍生产品，这是与中国商业银行最大的差别。第三，泰国的专业银行比较多，专门为特殊群体提供金融服务。因此，泰国的银行体制基本上消除了二元结构，可以为农村和中小企业提供较完善的金融服务；而中国的银行体制二元结构明显。

（二）新加坡的银行体系

20 世纪 60 年代中后期，新加坡逐渐成为亚洲的国际金融中心。多年来，新加坡坚实的经济基础和金融设施、有效的监管和商业环境、重要的战略地位、较高的文化水平、训练有素的劳动者、完善的基础设施吸引了许多国际知名的金融机构。直至今日作为新加坡支柱产业之一的金融服务业创造的产值大约占新加坡国民生产总值的 12%。

新加坡大约有 500 家大型的多样化金融机构，其中既有本地的也有国外的，这些金融机构在新加坡设立分支并提供广泛的金融产品和服务，包括贸易金融服务、外汇业务、金融衍生产品、资本市场业务、银团贷款、包销、并购、资产管理、证券交易、金融咨询服务和专业保险业务等。这些大型金融机构的存在为新加坡金融业的蓬勃发展做出了贡献。早在 2004 年，世界经济论坛《全球性竞争力报告》就将新加坡金融市场评为世界前十位最成熟的金融市场之一。

按照执业的范围和业务内容的不同，新加坡管理当局将所有商业银行划分为三类核发经营执照：全面业务、限制业务和离岸业务。全面业务执照颁发给在新加坡开设分支机构、开展全面银行业务的金融机构，这些商业银行的经营范围包括个人以及公司银行业务、本外币零售业务等全方位的银行服务。目前，这种执照大多颁发给本国的银行，但拥有雄厚资金实力的 24 家外资银行也已拥有。限制业务执照颁发给从事大宗和批发业务的金融机构，现有 34 家外资商业银行也拥有这种执照。这类银行的主要特点是虽然没有在新加坡开设分支机构，没有相关的存贷款业务，但是可以在外汇交易市场和货币市场开展全面的业务。离岸业务执照颁发给开展离岸业务的金融机构，这种执照的业务范围被限制在外汇交易市场和货币市场中，目前100家外资银行中47家拥有。

从新加坡政府对银行业的执照分类可以看出，新加坡有意通过限制条件对本国银行进行保护，以促进本国银行业的发展。为了防范风险以及加强竞争力，国际金融业的并购风潮兴起，这也促使了新加坡政府鼓励本国银行业强强联手。通过一系列的行业并购，新加坡的商业银行从20世纪90年代的12家减少到2005年的5家，新加坡的银行规模因此做大，其竞争能力可以和世界大银行相比。新加坡的银行业务均为全能型经营，商业银行的广泛经营和规模效应使其能够经营与开展许多创新金融工具，如离岸美元业务、可转让定期存单、可周转工具等，同时根据新加坡转口贸易和服务贸易特点开展的个人及公司理财业务、基金投资组合等也得到迅速发展。在创新金融服务方面，根据投资者和客户的个性化需求，金融机构能够提供证券化银行的各种贷款，扩大了银行业的投资范围和领域。

外资银行虽然在数量上占有绝对优势，其中以美国的外资银行数量最多，日本、英国、法国和德国等西方发达国家的银行数量次之，但是经过多年的发展与合并，本国银行的规模以及在本国金融市场的占有率仍占有优势，而且本国金融业以商业银行活动为主。新加坡三大银行集团的总资产占商业银行资产的1/4。除了以上三种商业银行外，在新加坡还有52家商人银行，设立商人银行必须经过新加坡货币管理局的批准，其主要经营公司金融、股票认购和债券发行、合并和承购、股票投资管理、管理咨询和其他收费业务。

中国和新加坡的银行体制存在差异。新加坡没有专门的中央银行，其中央银行的各种职能由政府授权的金融管理局和货币发行局共同执行；而中国的中央银行资本由政府出资，其所有权完全归政府。新加坡的金融机构分为政府所有、私人所有、外资所有三种，其国内商业银行都已上市；中国的商业银行在所有制结构上，则是以国家独资或控股的国有商业银行为主体，同时发展一定数量的股份制商业银行。新加坡的本地银行和外资银行大多实行混业经营，在银行集团公司下设证券子公司或保险子公司；而中国金融业实行分业经营，商业银行不得从事政府债券以外的证券业务和非银行金融业务。近年来，通过政府的引导和市场的自由组合联合起来的大银行集团可以有效防范风险，在业务规模和领域方面走多元化发展道路。新加坡银行规模的不断扩大，不仅可以和世界大银行竞争，而且使银行业务向多元化方向发展。中国的商业银行与新加坡的相比，差距还是相当大的。国有商业银行低效率与垄断地位并存，这在很大程度上削弱了商业银行的经济实力和市场竞争力。在金融业比较发达的新加坡，外资金融机构无论从数量上还是从资产负债的比重上都很高。外资金融机构的进入，在带来先进经营管理经验的同时，也促进了金融业的竞争，使新加坡的资金流动规模增大，速度大幅度提高。这就要求本地的金融机构必须加快变革，按照国际惯例处理各种金融业务，与外资金融机构展开竞争，从而也为企业提供便捷的金融服务。中国虽然也引进了相当数量的外资金融机构，但是规模都比较小。随着金融领域的逐步开放，进入中国的外资金融机构会逐渐增多，占整个金融体系的比重也会增加。

（三）文莱的银行体系

文莱的银行体系由银行金融机构和非银行金融机构组成。文莱没有中央银行，根据文莱的银行法和金融公司法，由财政部货币与金融局负责发行通货并管理金融业。

成立于 1935 年，由政府出资设立的邮政储蓄银行是文莱的第一家银行。目前，文莱运作良好的商业银行系统由 9 家银行构成，其中有 3 家是国内银行，6 家是外资银行，如花旗银行、汇丰银行和渣打银行等。外资银行在文莱已经经营数十年。文莱商业银行的分支机构遍布全国，提供全方位的银行业务，包括接受存款、发放贷款、提供银行保证、基金管理、签发信用证、外汇兑换等。文莱银行业的特殊之处在于，其是传统的伊斯兰国家，在文莱的银行系统中存在专门向穆斯林提供金融服务的银行机构。1993 年 1 月 13 日，文莱正式成立伊斯兰银行面向穆斯林提供银行业务。

文莱的非银行金融机构比较特殊，主要包括从事金融服务、货币兑换业务，以及经营外汇业务的金融公司、保险机构、雇员信托基金和伊斯兰信托基金等。

中国和文莱的银行体系存在差异。第一，文莱设立了促进银行业发展的专门机构，以促进本国银行业特别是离岸业务的发展。为摆脱国民经济过度依赖油气资源的状况，近年来文莱积极实行经济多元化战略，加大招商引资的力度。作为实施经济多元化战略的一部分，2000 年文莱国际金融中心（Brunei International Financial Centre）宣告成立，主要目的是通过为投资者提供金融增值服务来吸引外来投资，创造就业机会，带动国内经济发展。文莱政府计划利用地处东南亚中心位置的地缘优势，将文莱打造成东南亚的次区域金融中心，为实现其经济多元化目标服务。经过几年的推广和经营，文莱国际金融中心取得了快速的发展。截至 2006 年 4 月，已有约 5000 家离岸公司在该中心注册，仅 2005 年就有 1600 家公司注册，较上年增长 40%。该中心累计向 6 家国际银行发放了执照，包括 2 家保险公司执照和 4 家证券公司执照。此外，还发放了 10 家共同基金执照。一些国际知名银行纷纷在该中心注册发展离岸金融业务，如加拿大皇家银行成为在该中心注册的第一家离岸银行，花旗银行、汇丰银行等也相继在该中心注册。与文莱相比，中国经营离岸业务的银行很少。第二，为了与大力发展离岸业务相适应，文莱的金融管理制度十分宽松。在国际金融中心注册的离岸公司可以获得最大限度的隐私权和匿名权，无须向工商注册局存档任何有关机构和财务记录，投资者可以100%持股，且无须透露公司最小资本，公司名称也可以使用包括中文在内的多种文字，离岸公司的迁入和迁出手续简便。文莱无外汇管制，资金进出便利，而中国政府对银行业进行严格的监管。第三，为了吸引投资，文莱的离岸运营成本极低。在文莱国际金融中心注册离岸公司仅需缴纳500美元的注册费，此后的年费仅400美元。此外，和其他避税港一样，文莱政府免征公司所得税、个人所得税、印花税、营业税等。第四，大力发展伊斯兰银行业务，这是文莱的一大特色。文莱和其他伊斯兰国家关系良好，通过发展伊斯兰金融业要把文莱建设成为东亚和中东伊斯兰金融的桥梁。目前，文莱已经加入吉达伊斯兰发展银行（al – Bank al – Isalmi Li al – Tanmiyah）、国际伊斯兰金融市场（International Islamic Financial Market，IIFM），以及伊斯兰金融服务理事会（Islamic Financial Services Board，IFSB）。同时，文莱还积极参加众多推动伊斯兰金融业发展的地区和国际会议及其相关活动。总的来说，相较于中国的银行体系，文莱的监管极少，是一个高度自由和开放的银行体系。

（四）印度尼西亚的银行体系

印度尼西亚的金融业在东盟国家中处于中上水平，20世纪80年代实行的金融自由化改革使其金融业发展迅速。虽然印度尼西亚受亚洲金融危机的影响很大，但其金融业经过改革与重组之后，已基本步入正轨，特别是近几年来，印度尼西亚的经济和金融环境得到很大改善。

印度尼西亚独立后开始建立本国的银行体系。1946年成立了印度尼西亚国家银行，之后发展成为印度尼西亚最大的国有商业银行。1951年，印度尼西亚政府将由荷兰控制的爪哇银行收归国有，1953年将其改为印度尼西亚的中央银行，同时更名为印度尼西亚银行，此后又相继建立了3家国有银行。在亚洲金融危机之前，印度尼西亚的银行总数为222家，其中国有银行7家，民营银行144家，区域性银行27家，外资银行和合资银行44家。亚洲金融危机后，印度尼西亚很多民营银行破产，仅剩下了80家。经改造后国有银行增至19家，外资银行和区域性银行没有太大变化。1999年底，商业银行数量为164家，2002年底为142家。截止到2005年2月，商业银行数量减少到132家，银行分支机构8026家。按总资产排名，在印度尼西亚居前三位的商业银行分别是曼德利银行、印度尼西亚人民银行和东亚银行；排名前三位的外资银行分别是花旗银行、德意志银行和汇丰银行。

中国和印度尼西亚的银行体系存在不同。第一，与中国相同，印度尼西亚是一个金融监管比较严格的国家，1997年亚洲金融危机后虽然开放了银行业，但是印度尼西亚中央银行仍然对利率、汇率进行限制，对银行的经营业务也进行严格的监管。第二，印度尼西亚商业银行中私人银行占大多数，印度尼西亚银行业是一个竞争激烈的行业。1997年亚洲金融危机后，印度尼西亚银行通过合并经营使状况不断好转。第三，印度尼西亚银行大力促进中小企业发展，贷款向中小企业倾斜。各银行根据国家发展战略，积极主动地为中小企业输血，有效缓解了中小企业资本短缺、融资困难的状况，同时通过注资激活中小企业的生产经营，创造出更多的就业岗位，帮助政府解决了高失业率和贫穷等难题。

（五）马来西亚的银行体系

马来西亚的经济发展水平在东盟国家中仅次于新加坡排在第二位，是亚洲传统的金融中心之一，金融业由银行、证券、保险机构等组成，货币市场和资本市场运作良好。

马来西亚的银行体系由中央银行、商业银行、证券银行、金融公司、国家储蓄银行、公积金与保险公司、贴现公司组成。研究马来西亚金融业的沿袭后不难发现，最初的金融机构是被外资银行垄断的，其作用是服务于外国贸易资本。马来西亚的银行体系根源于传统的英国银行体系，最早在17世纪，英国就在马来西亚设立了银行，长期先进的金融业熏陶使马来西亚的中央银行担负着管理和监督全国商业银行等金融机构的责任；整个商业银行体系发展较早、较为完善，各大商业银行除了在首都吉隆坡设立了总行以外，在全国其他地区也设立了分支机构并开展业务。马来西亚的商业银行数量一直保持稳定，在38家金融机构中本国银行有22家，其余16家是外资银行。另外，马来西亚的非银行金融机构体系，不仅有国有控股的专业服务银行、金融公司以及为金融机构提供清算服务的贴现所（如马来西亚农业银行、储蓄银行、住房信贷金融公司等为满足政府政策需要设立的金融机构)，还存在数量庞大的非银行金融公司，这些金融公司由大型商业银行控股，为其提供衍生服务。

进入21世纪后，马来西亚的银行业主要由中央银行与商业银行组成，另外还有其他的银行金融机构。在东南亚国家中，马来西亚有着健全的中央银行制度。马来西亚国家银行于1959年1月设立，总部设在吉隆坡，有6个分支机构。1997年亚洲金融危机后，特别是2001年以来马来西亚对本国银行业进行了大规模改革。首先，合并商业银行。从1996年开始，马来西亚中央银行就建议合并中小规模的银行、金融和证券公司，金融危机发生后，马来西亚政府没有关闭任何一家金融机构，而是继续鼓励金融机构进行合并，以提高它们的经营效率和竞争力。马来西亚银行系统在经过大规模整合和调整后，业绩有明显的改善，银行的呆坏账数量迅速减少，银行系统的贷款规模也呈现可喜的增长局面，整个银行系统的资本状况也得到明显改善。其次，积极推进金融公司部门重组。金融危机后，马来西亚政府于1998年8月成立专门负责债务重组的机构——企业债务重组委员会，协助银行与企业重组债务。之后，政府又不断完善了企业债务委员会的组织机构。最后，建立专门处置银行不良资产的马来西亚资产管理公司。该机构独立于政府，不受政府的直接管理，而是由金融专业人士进行管理，主要工作是收购在金融危机中产生的不良资产，以提高金融市场的流动性，促进经济的复苏。例如，通过剥离不良资产使商业银行渡过危机，并能及时提供资金给那些处于财务困境中的企业。

作为对银行体系的补充，非银行金融机构在整个金融体系中也起到了举足轻重的作用。马来西亚的非银行金融机构包括各种金融公司、证券银行、储蓄银行、保险公司、贴现公司等。在中央银行的监督和管理下，商业银行和非银行金融机构构成了完整的金融体系。一方面，基础金融业，如商业银行在很大程度上促进了非银行金融机构的发展和壮大；另一方面，这些非金融机构又通过自身的创新业务反哺金融业，促进金融体系的健康稳定发展。

比较中国和马来西亚的银行体制，中国的商业银行在许多方面都落后于马来西亚的商业银行，这是因为两国金融制度存在差异。马来西亚商业银行的市场化和自由化程度较高，而中国的国有商业银行还不能成为真正意义上的商业银行。这种差距主要表现在：马来西亚商业银行的运作和业务的开展可以完全考虑经济利益而不受政府的影响，可以有效地在多变的市场环境中灵活应对，并且因为长期受到西方先进金融服务理念的影响而形成了完整、规范的管理体系，工作效率较高。反观中国的银行业发展，虽然多数国有商业银行已经完成了股份制改革，但国家依然是大股东。四大国有商业银行在经营过程中不得不考虑多方面的因素对银行的影响，其根本原因是国有商业银行在实现经济利益的同时还要服务于国家的有关政策，导致经营业务和范围受到限制。另外，中国的股份制商业银行虽遵从了市场化原则，进行灵活的营运，但在资本和国家政策方面却没有太多优惠，造成其无法和国有商业银行进行平等竞争。而且，在市场资本结构和业务范围方面，中国银行业的垄断局面更为明显（国有银行资产占整个银行业总资产的90%），这种垄断局面在很大程度上限制了竞争，不利于金融业的有序发展。

（六）菲律宾的银行体系

菲律宾的现代金融业务始于西班牙殖民统治时期，在菲律宾获得独立前由外国资本掌握金融业。菲律宾获得独立后，全国共有 11 家商业银行总行和 75 家分行。1949 年 6 月，菲律宾政府成立了中央银行，作为金融部门的最高主管机构，其主要职责是稳定货币、维护比索价值、促进经济增长、维护信贷和外汇市场的稳定。到 20 世纪 60 年代，菲律宾相继增加了 30 多家商业银行和 100 多家分行。70 年代初期，为促进银行业的发展，增强公众信心，菲律宾成立了菲律宾存款保险公司，对储户的存款进行保险，对限额以下的存款给予赔偿。这既是菲律宾唯一的存款保险公司，也是接管和清算破产银行的主要机构。此外，自 20 世纪 70 年代起，非银行金融机构如投资公司等开始出现，新的金融业务逐步开展起来，经营欧洲货币的银行开始产生。中央银行推出了在本国商业银行中设立外币存款单位，接受侨民的外币存储的政策，这成了开展离岸银行业务的先驱。1977 年，离岸银行业务正式开展。自 80 年代初起，一些金融改革措施逐步推出，包括扩充商业银行，缩小银行与非金融中介机构间的业务范围和职能，取消所有储蓄银行间的职能差别等。在此之前，整个金融部门中银行数量大大超过非银行金融机构。此后，非银行金融机构有了快速发展，到 80 年代末时数量超过了银行。

菲律宾银行机构在整个金融业中占有主导地位，并划分为四类。①商业银行。这是菲律宾银行体系中最主要、业务范围最广的银行机构。商业银行主要集中在大城市（如马尼拉），所占市场份额较大。截至 2008 年底，菲律宾最大的 6 家商业银行的总资产超过全国商业银行资产总量的 50%。这 6 家银行分别是菲岛银行、首都银行、建南银行、菲律宾土地银行、菲律宾开发银行与菲律宾国家银行。②储蓄银行。此类银行吸收小额储蓄，并以较宽松的条件向低收入阶层以及诸如农场主、私人企业之类的小生产者提供信贷服务。储蓄银行系统由储蓄与抵押银行、私有发展银行和股票贷款协会等组成，这些金融机构在 1980 年的金融改革前功能各异：私有发展银行主要为中小企业发放小额长期贷款；储蓄与抵押银行集中从事房地产与消费贷款；股票贷款协会主要发放中长期贷款和房地产信贷。③农村银行与农村合作银行。农村银行体系包括农村银行和农村合作银行。农村银行是在 20 世纪 50 年代为支持政府发放农业补贴建立的私有制银行，是单一银行制，不能经营国内信用证业务。1980 年金融改革后，其业务范围扩大且功能更加完善，现在与储蓄银行相似，虽然不能经营外汇业务，但是可以设立分支行。农村合作银行由农户或农村合作协会建立，既是合作社又是银行，须同时遵守菲律宾的合作法和银行法的有关规定。④政府特别银行。此类银行完全由政府所有，其业务主要按照政府有关的产业政策进行安排。在 1996 年以前，此类银行有菲律宾发展银行、菲律宾土地银行等。后来，由于菲律宾发展银行和菲律宾土地银行被划归为商业银行，因而从 1996 年 2 月开始不再属于政府特别银行。

菲律宾的另一类金融企业是非银行金融机构，又分为政府非银行金融机构和私营非银行金融机构。政府非银行金融机构主要是政府的社会保障系统；私营非银行金融机构主要包括投资商号、金融公司、证券买卖商、证券交易经纪商、投资公司、风险资本公司、当铺、基金管理商、放贷投资商、私营保险公司、股份储蓄与贷款协会、非股份储蓄与贷款协会等。

比较菲律宾与中国的银行体系，中国的银行业仍由国家控制，在银行体系中起主导作用的仍是国有和国家控股的银行，这种金融结构不利于中小企业的发展。中国的金融管理体制、机构设置、金融产品等方面都由国家主管。而菲律宾的金融体制比较完善，在汇率、利率的形成方面已经市场化，尤其是汇率已经实现了自由浮动，市场化程度高。

中国的货币政策目标是保持货币币值的稳定，并以此促进经济增长。菲律宾的货币政策是单一目标——保持价格的稳定，实行的是通货膨胀目标制的货币政策，明确制订了通货膨胀计划并通过货币政策实现目标。

（七）缅甸的银行体系

缅甸金融业和其经济一样，发展相当缓慢。虽然缅甸政府在计划经济时期也进行了几次金融改革，但效果并不明显。随着缅甸国内经济体制的改革，金融业才有了一定的发展。

缅甸现行银行体系由国家中央银行、经济银行、外贸银行、投资和商业银行、农业和农村开发银行、储蓄银行等国家银行，保险公司等其他非银行金融机构，少数私人银行和外资银行共同构成。按银行性质可划分为中央银行、国家控股商业银行、国家控制的非银行金融机构、私人银行和外资银行。

比较缅甸与中国的银行体系，中国形成了以中央银行为核心，以商业银行为主导的二级银行体制，金融监管严格，商业银行经营稳健。而缅甸由于政局不稳，国内经济发展缓慢，银行业发展也十分落后，虽几经改革但银行体系仍不健全，同时政府对银行业给予大量的干预。

（八）越南的银行体系

越南政府非常重视金融业，自 20 世纪 80 年代后期实施改革政策以来，逐渐形成并发展了本国的金融体系。90 年代以来，越南在金融方面实行了一系列重大改革，逐渐减少对金融业的控制，引入市场竞争机制，培育资金市场。越南金融改革的目标是改革银行体系。

总体来说，越南的银行体系受规模影响较大，而且金融机构数量十分庞大，不便于管理和风险规避。因此，在应对 1997 年亚洲金融危机过程中，整个银行系统面临一次大的调整，越南政府规定新设立商业银行的注册资本须达到 1500 亿越南盾以上，之前注册资本在 200 亿 ~250 亿越南盾（约合 150 万 ~190 万美元）的银行应进行合并，且合并后经过审计的逾期负债率必须降至 5% 以下，如果不能达到这个条件且无法进行适当的合并，那么这些小型银行将被转变为城市信用社或者乡镇商业银行继续营运。但是，目前经济最发达的胡志明市拥有的10多家股份制银行的注册资金都不超过700亿越南盾。金融危机过后，越南国家银行的6项银行行政法令草案进一步完善了越南的金融体系，其中包括了对金融机构、金融管理、国际收支平衡、外汇、通货以及银行业的经营管理等方面的规定。

目前，越南主要有四类信用组织：商业银行、政策银行、信用合作社和金融公司。越南国家银行是越南的中央银行，四大国有商业银行分别为外贸银行、工商银行、农业银行、投资发展银行，还有40家股份制银行。四大国有商业银行占支配地位，占借贷市场的74%（主要是国有企业），34家合资或股份银行占15%（主要是私营企业），合作银行和信用基金仅占很小份额。2003年，越南国家银行废除了不符合国际惯例和标准的各种规定，鼓励外资银行投资越南银行系统。2004年，越南国家银行颁布151号文件，规定在越南设立依据越南外国投资法经营的外商独资有限责任公司，享受与越南本国企业同样的待遇，可以购买越南股份银行的股份，同时规定外资企业所持股份不得超过该股份银行注册金额的30%。2005年初，越南国家银行规定调升外国银行越南分行吸收越南存款的比例，允许外国银行越南分行接受越南个人及法人的越南盾定期储蓄存款和活期储蓄存款，最多吸收越南盾存款额为相当于该分行已转入越南的法定资金额的50%。尽管如此，越南4家最大的国家银行占越南民间存款的比例依旧高达70%。越南政府为能加入WTO及东盟地区贸易组织，从2006年至2010年开始实施WTO贸易规定及东盟自由贸易规定，2011年至2020年放宽银行和金融服务市场。

比较中国和越南的银行体系，中国和越南都在1992—1993年建立了二元银行体制，并将国有专业银行转变成国有商业银行，中国成立了3家政策性银行，而越南没有。越南的银行储蓄与信贷利率已按物价指数浮动，保持存款利息高于物价上涨幅度，这将为中国提供借鉴。2001年，中国开始将外汇储蓄的利率市场化，而越南从1989年就开始了这项改革，外汇利率已逐渐市场化。越南已实现国家管理的自由浮动汇率制，所有银行都经营外汇，1996年中国开始实行人民币经常项目下可自由兑换。

中国已经确立中央银行应以间接的、市场化的、法律的手段对一般银行进行监管与调控的基本思路，中国人民银行除对一般银行进行监管和调控外，还辅助一些行政干预手段。越南与中国一样，也建立了自己的中央银行，但是在实践中，由于越南历史上忽视金融业，政府又通过各种方式对金融体系进行比较严格的管制和干预，因此长期以来，越南中央银行的宏观调控和金融监管能力都相对较差，根本不能适应经济发展的要求。

商业银行是中越两国的主要金融机构，都以国家独资或控股的国有商业银行为主体，同时发展一定数量的股份制商业银行和非银行金融机构（如证券公司和保险公司）。但与中国相比，越南的经济发展水平较低而且严重失衡，商业银行与非银行金融机构之间的发展水平非常不平衡。商业银行垄断程度极高，尤其是受政府控制的商业银行的地位比较突出，非银行金融机构规模较小。中国为了保护国内的银行业，对外资金融机构的进入设置种种限制。虽然在加入WTO后，中国服务业迅速开放，许多外资金融机构纷纷进入中国，但规模都不大。而在越南的银行体系中，外资金融机构的比重和作用相对较大。

（九）老挝的银行体系

1975年12月2日，老挝人民民主共和国成立，政府接管并整合了全部金融系统，实现了国有化，形成了统一的银行系统。1987年8月，老挝实行了经济改革，形成两级银行体系，中央银行是老挝的国家银行。1999年，老挝对国有商业银行进行了改革，由国家银行在各地的机构改建了3家国有银行：北部地区是澜沧银行，中部地区是新老挝银行，南部地区是南方银行。老挝商业银行的经营规模和业务范围都受到所在地区经济发展水平的影响。例如，首都万象有 4 家国有商业银行：首都银行、赛塔提腊银行、外贸银行及农业促进银行。此外，外资银行也在老挝的首都设立了分支机构和合资银行开展业务，如万象商业银行、英国渣打银行代表处、泰国农民银行支行等。通过这次全面的金融改革，不仅使老挝的银行体系得到进一步完善，而且人员素质得到了大幅的提升。专业的、高素质的金融从业人员不仅提高了银行业的经营效率，而且促进了老挝整个金融业的灵活发展。

比较中国银行体系，两者均包括了中央银行和商业银行，中央银行负责对全国金融业进行管理和监督，并主要通过货币政策的制定来完成，所包括的货币政策主要有存款准备金制度、贴现制度和公开市场业务操作制度。一方面，中国和老挝过去都实行严格的计划经济体制，商业银行和政策性银行的职能分工模糊，而经过改革后建立的以市场为中心的经济体制，使两国的银行体系得到初步完善，形成了多层次的格局。另一方面，对货币政策和财政政策合理有效的运用，也是两国改革的重点。经济政策的功能就是对宏观经济进行有效调控，对此两国不仅在银行体系上存在共同之处，而且具体的政策调控目标和作用点也都是随着不同时期不同关注点的变化而变化。在金融改革之后，两国的央行都把货币市场调控的中介目标放在了货币供应量上，而之前对信贷市场的调节主要集中在控制信贷总量上。两国之前的货币政策都从属于财政方面，经过改革中央银行得以独立出来，从不同的侧重点以独立和协调并重的政策配合调控宏观经济。

尽管两国的银行体系在改革之前以及改革道路的选择上都有许多共同之处，但是由于两国的基本国情不同，改革的力度和侧重点不同，因此改革效果仍存在很大的差异。①老挝中央银行并没有完全独立实行货币政策。老挝中央银行货币政策的制定在很大程度上还是受制于财政部，不仅与其关系密切，而且金融的决策权和管理权也不明晰。相对而言，中国的中央银行则拥有较大的独立性和自主性，能够独立完成货币政策的制定。

②老挝经济体制中的计划经济色彩仍然浓重。中央银行的管理和监督应基于市场环境中，且这种监管需以市场经济原则为指导。但是，由于老挝的经济和金融体制落后，直接导致了市场环境的不完善，因此无法有效地进行调控。

（十）柬埔寨的银行体系

目前，柬埔寨国内有 18 家银行，包括柬埔寨国家银行（中央银行）和 17 家商业银行。1999 年通过的新银行法增强了民众对银行的信心。新银行法生效以后，中央银行加大了对金融业的监管力度，使柬埔寨银行业取得很大的成绩。截止到 2004 年，柬埔寨 17 家商业银行的总储蓄额达到了 8 亿美元，比 2003 年增加了 1 亿美元，增长了 14.3%。银行贷款额也从新银行法生效前的 2.5 亿美元上升到 4.0 亿美元。

与中国相比，因经过多年战乱，柬埔寨经济比较落后。随着战争的结束，20 世纪 90 年代后柬埔寨政府大力发展经济，银行业也得到了很大发展，逐渐形成了以中央银行和商业银行为主的银行体系，并且不断完善储蓄银行体系，鼓励外国银行在柬埔寨开业经营。

第二节　证券资本市场比较

一、中国证券资本市场发展情况

虽然中国证券资本市场发展时间较短，但是发展迅速。2010 年末，沪深两市的上市公司有 2063 家，比上年增加 345 家。A 股市场总市值 26.54 万亿元，流通市值 19.31 万亿元，同比分别增长 8.81% 和 27.67%。上证综合指数收于 2808.08 点，比上年末下跌 14.31%；深证成分指数收于 12458.55 点，比上年末下跌 9.06%。2010 年，沪深两市日均股票交易金额 2254 亿元，比上年增长 2.64%。有 531 家企业在 A 股市场发行融资，股权和债务融资规模达 10275.21 亿元，同比增长 122.91%，融资总额和发行数量均创历史新高。2010 年末，沪深两市共有 A 股账户 15204.1 万户，B 股账户 250.0 万户，基金账户 3404.2 万户，分别比上年末提高 10.32%、1.57% 和 9.05%。其中，机构投资者持有已上市流通 A 股市值 13.74 万亿元，占已上市流通 A 股市值的 70.85%，比上年末增加 2.17 个百分点，机构投资者市场的主导地位进一步增强。

中国证券资本市场的不完善主要表现在上市公司的结构、制度的缺失、市场的定价机制和筹资的局限性上。一方面，虽然大量的上市公司在形式上成功地完成国有企业改制，但是国有控股的局面并没有得到改善，在经营管理、决策、分配等方面并没有达到真正的公众上市公司的要求，存在虽然改制成功但是没有转变形式的矛盾局面。另一方面，健全的证券市场运行制度是保证市场良性发展，联结市场主体和活动的重要纽带，没有一个完善的、制度化的约束机制，就不可能保证市场上投融资活动有序、正常地运行。虽然中国的证券资本市场建立时间较短，但在硬件和技术上的发展是十分迅速的，而作为软实力的制度建设却相对滞后，这导致市场不能按照“公开、公平、公正”的原则规范运作。

中国证券资本市场严重缺失资产定价机制，主要反映在股票发行价格和股票交易价格的不合理定价上，导致不能形成有效的竞争交易机制，进而损害投资者利益。一方面，新股发行价格虽建立了一套完整的机制，但是没有得到充分执行，导致新股发行价格严重偏离竞争机制下应有的价值，股票市场成为严重的圈钱市场；另一方面，交易过程中形成的价格受操控严重，投机色彩浓郁，对一些特殊交易和事项的管理严重滞后，这不仅导致资源的不合理配置，还降低了整个资本市场的运作效率，更严重的是资本市场的动荡很可能造成整个经济体系的不稳定。为此，首先要走出对证券市场的认识误区和由此形成的错误监管理念，加大市场化力度，提高资金的配置效率，促使资金向更有效率、更有竞争力的企业流动。借助证券市场进行产业结构调整，使证券市场在新股发行上市等方面向高新技术企业倾斜，使具有高成长性和效益性的有竞争实力的企业能够得到资本支持，使没有效益、成长性差的企业因无法得到资本支持而受到抑制或者被自然淘汰，让资本这一稀缺的生产要素通过证券市场的高效率配置，创造出更多的社会财富，真正发挥证券市场优化资源配置的功能。

中国证券市场在许多方面与国际证券市场的运行管理制度尚未完全接轨，中外筹融资双方在信息交流方面存在障碍。加入 WTO 后，这种矛盾与冲突突出表现在证券市场国际化的过程中，本土具有实力的企业难以进入境外市场，外资也无法在国内资本市场上自由平等地进行交易。造成这种局面的原因是，国内制定的资本市场制度不能有效地与国际准则进行对接，“水土不服”现象严重。这种制度差异广泛存在于股票市场上，如投资的品种、流通条件、认购成本都存在较大的差异。因此，需要了解中国的经济和法律制度，对于国外的投资者来说无疑增加了成本，而且国内制度对国外投资者的诸多限制更是让其望而却步。国内企业想“走出去”上市也存在诸多困难，特别在制度上不能达到国外的标准，造成企业在境外市场融资困难重重。

二、东盟主要国家证券资本市场情况

东盟国家不仅经济发展不平衡，证券资本市场的发展水平也极不平衡。有的国家证券资本市场比较完善，如新加坡、马来西亚等；有的国家却很不完善，如越南于2000年7月才在胡志明市设立证券交易中心。迄今为止，东盟国家中新加坡、马来西亚、菲律宾、印度尼西亚、泰国、越南、文莱7国有证券市场，其余3国正在建设或没有证券市场。本书只选择具有代表性的新加坡和马来西亚两个国家的证券资本市场进行分析。

（一）新加坡的证券资本市场

新加坡是亚太地区金融和资本市场较发达的国家。1973年5月2日，新加坡股票交易所有限公司正式成立，标志着新加坡同马来西亚共有一个证券交易所的历史结束，新加坡开始走独立的金融发展道路。在随后几年的探索发展中，形成完全自由的市场成为新加坡政府的主要目标，其在1978年6月废除了所有外汇管理条例。自由资本市场的形成引来众多外国公司在新加坡股票市场登记上市，市场的投资规模和模式发生了翻天覆地的变化。20世纪80年代，新加坡在高新技术的推动下，进一步加快了资本市场的国际化和自由化步伐，先后加入了国际交易所联合会，建立了自动化的股票交易市场，并与美国的自动报价系统联网。随后，新加坡又宣布开发出一套国际化的自动交易体系，实现了以电脑方式从事股票交易。目前，新加坡不仅对大部分境外投资者在购买大部分行业或者公司的股票上没有专门的限制性规定，对非居民从事的股票交易可以享受居民的同等待遇，而且没有外汇管理方面的限制。也就是说，非居民可以不受限制地使用任何货币进行股票交易，并且形成的投资收益可以自由地汇出国外。20 世纪 90 年代以来，新加坡已经逐渐成为世界重要的资本市场。为了鼓励更多的国际金融机构和跨国公司在新加坡设立办事机构，新加坡政府在税收方面也实行了许多重大的优惠政策，大幅度地降低了从事外汇买卖、离岸业务以及创新金融服务的税率。与中国国内证券市场相比，在新交所上市的公司的条件也较低，对主板市场没有连续三年盈利甚至存续三年的要求，创业板市场的条件更低，对税前盈利、资本额等均无要求。而且，主板与创业板也不是完全分开的，创业板上市的企业满两年，达到主板要求的即可转入主板市场。更诱人的是，企业上市后的再融资也更为便利，只要市场投资者接受，再融资就既没有间隔期的要求，融资量也没有上限。近年来，新交所在国际化方面已经走在亚洲各主要证券交易市场的前列。500 多家上市公司中，外国公司数量达到了 98 家，占总数的 19.8%，市值占新交所的 40%，而亚洲最大的证券交易所东京证券交易所也只有不到 2% 的外国公司上市。在新交所的外国公司中，与中国有关联的公司占到了 67 家，其中包括来自香港的 43 家、台湾的 6 家及内地（大陆）的 18 家。目前，新加坡证券交易所上市企业市值 1250 亿美元，年成交额超过 800 亿美元。

与中国相比，新加坡的金融市场起步更早，且更发达。第二次世界大战以后，新加坡利用有利的地理位置和稳定的政治局面，抓住国际机遇，结合自身资源贫乏的特点，制定了外向型经济发展战略，实行灵活、自由的金融外汇制度和优惠的税收政策，大力推进了金融市场自由化、国际化的进程。经历多年发展，新加坡建立起种类齐全的金融市场体系，目前已经成为重要的国际金融中心。相比之下，中国的金融市场起步较晚，仍处于不成熟阶段，间接融资仍是社会融资领域中的主要渠道，商业银行是金融体制的主体，资本市场则居于次要地位。并且，资本市场上机构投资者所占比重较小，个人投资者所占比重较大，市场投机性过强，非常容易导致市场价格的非理性波动，不利于金融市场的长远、健康发展。

（二）马来西亚的证券资本市场

马来西亚的证券资本市场改革也开始于马来西亚与新加坡联合交易所的分离。1973 年 5 月 8 日，在解除了与新加坡签订的货币互换协议后，两国正式成立各自独立的股票交易所，发展自己的股票市场。吉隆坡股票交易所的建立和马来西亚通过《证券行业法》，标志着马来西亚证券资本市场的建立完成。

相对于新加坡走自由市场的发展道路，马来西亚则选择风险相对较小的保守发展道路。随着经济的发展，股票交易所的逐步完善，马来西亚把仍保留在本国交易所的外国公司视为境外上市公司，新加坡股票交易所建立后也逐步使以新加坡公司为主的这部分境外上市公司回流到新加坡，这样吉隆坡股票交易所更多的是来自马来西亚国内的上市公司。

除了一些特殊的限制条件外，马来西亚政府对外汇管制总体来说还是比较宽松的。马来西亚证券资本市场对外资开放的时间也较早，外国投资者可持有除金融业上市公司以外其他公司 100% 的股权。

总体上看，马来西亚对外汇管制分几个主要阶段。20 世纪 80 年代，马来西亚政府取消了对本国居民购买外国证券的限制，标志着对外汇管制的彻底解除。而进入 90 年代，马来西亚对资本流入的管制逐渐严厉起来。外国投资者不再享有自由的资本交易权利，其中涉及对短期证券买卖、互换和远期等衍生品交易和银行的国外负债，以及外资银行本币存款的限制等。然而 1994 年底，在先前的资本管制初见成效时，马来西亚又开始放宽对资本流入的限制，继续对资本证券市场进行自由化改革。经过几年的改革，马来西亚形成了以下允许资本自由流动的措施：本国居民和非居民享有同等的金融交易待遇；外国股票投资的完全自由化；外国投资者可以无限制进行股票交易；本国投资者可以无限制进行对外证券投资；非居民的国内首次发行证券经过批准即可；外币存贷款的无限制；等等。上述措施直接导致马来西亚在亚洲金融危机中遭受重创。为了应对亚洲金融危机，马来西亚政府再次实行严厉的外汇管制措施，严格限制资本的流出，对货币强行管制。在股票交易方面，对非居民的股票交易和资本的划出不仅在时间上限制，而且严格限制交易数量。总的来说，马来西亚资本证券市场国际化进程吸引了许多外国公司。目前，马来西亚共有上市公司 826 家，市值近 1440 亿美元。

中国与马来西亚的资本证券市场相比，市场化程度低于马来西亚。中国证券业是在传统计划经济体系基础上构建的，直接脱胎于高度集中的计划经济体制，这一历史原因导致了中国证券业现行制度架构中有较为浓厚的非市场特性，局部领域还残留计划经济时代的痕迹。相比之下，马来西亚证券业的竞争程度较高，市场化程度也较高。中国证券业的开放程度不如马来西亚。中国的股市呈现出封闭式格局，股票不但被分割为 A 股、B 股和 H 股，外资还不能直接投资 A 股，B 股市场也不能由外国券商直接操作，而要通过国内经济商代理。马来西亚的股票市场则在 20 世纪 90 年代就开始实施 QFII 制度（合格的境外机构投资者制度），对外国逐步开放资本市场，且发展较为成熟。

第三节　中国和东盟国家金融发展水平差异分析

20世纪70年代以来，中国和东盟国家通过对本国金融业的改革，促进了储蓄与投资，提高了金融部门效率，推动了整个国民经济的发展。金融改革有利于创建金融发展所需的环境和条件，是经济发展战略实施中极其重要的组成部分。一国的金融发展可以使金融资产存量的品种范围扩大，期限种类增多，金融资产存量与国民收入之比或与有形物质财富之比逐渐上升；相反，如果金融资产流量较少，只能依赖财政收入和国际资本，或更多地依赖国内储蓄，那么货币流通速度也就降低了。金融体系的规模扩大、机构增加、职能专业化有利于国内金融机构取得优势，金融资产价格中的利率能更准确地反映出投资替代消费的机会。

一国的金融发展水平可以通过以下几个方面衡量：一是金融体系，包括整个国家的金融机构，金融机构的分类以及相关的货币制度；二是金融市场，广义的金融市场包括一切从事金融服务的场内金融市场和场外金融市场，以及这些市场的竞争机制和主客体；三是金融工具和资产，包括金融工具的种类、金融资产的形式以及使用这些工具的不同行为主体；四是金融资产价格，包括价格的形成机制及资产相互之间的影响因素。衡量金融发展的尺度首先与金融资产有关，主要体现在金融资产和金融工具的总量及其在国内生产总值中所占的比重上。金融发展的首要标志，就是包括货币和其他金融工具在内的金融资产总量相对于总产出与实物产出的比重上升。金融相关比率，即金融资产比国内生产总值（M2/GDP），常常被作为衡量发展中国家金融发展程度和金融改革成果最重要的指标之一。

除此之外，衡量金融发展程度还有其他指标：一是市场融资的规模和结构，既可以说明政府在直接信贷分配和选择信贷等方面进行的金融抑制程度，也可以说明金融市场在多大程度上为金融发展和经济发展服务；二是市场准入和竞争问题，表明对金融业的垄断程度和融资效率；三是不同市场之间的分割和融合，如货币市场在不同地区间的联系，表明金融市场的一体化程度和资金的配置效率；四是国内外金融市场分离和资本转移，表明国内金融业的对外竞争能力、国内金融体系的稳定性和对资本流出、流入的限制及其影响。上述四个方面又可以体现在货币市场、资本市场、外汇市场和有组织的场外金融市场等各个市场的发育程度与发展次序上，这四类指标虽然有很多是可以计算和量化的，但其中也有一些无法用数字表示的金融标准。

M2/GDP 是测度一国金融活动的总量与经济总量的指标之一，可以反映一国金融化的总体水平。一个国家经济越发达其货币化程度就越高。该指标数值越大，说明金融资产在一国经济活动中所占比例越高，经济金融化程度也越高；反之亦然。1988—2009 年中国、东盟国家和美国 M2/GDP 的变化见表 3－1。

从中国和东盟各国的金融相关率来看，经过从 20 世纪 70 年代开始的金融改革，除柬埔寨、老挝、缅甸 3 国以外，其他国家经济体系金融化的程度都在不断提高，金融活动总量在经济体系中所占比重也越来越大。截至 2009 年，中国的金融化水平最高，达到 178.04%，马来西亚、新加坡次之。中国和多数东盟国家在进入 21 世纪后甚至高于美国。这说明，中国和东盟的多数国家通过 20 世纪的金融改革，金融环境得到较大改善，随着经济开放程度的不断提高，金融业在各国经济中日趋重要，金融活动对国家经济活动的影响也日趋重要，金融化水平差异也越来越小。

表 3-1 1988—2009 年中国、东盟国家和美国的 M2/GDP（%）

年份	中国	文莱	柬埔寨	印度尼西亚	老挝	马来西亚	缅甸	菲律宾	新加坡	泰国	越南	美国
1988	64.32	76.88	5.43	28.06	9.50	69.36	30.84	24.52	82.27	61.30	16.66	75.09
1989	67.05	71.76	7.48	32.69	9.53	70.69	24.82	27.13	87.76	65.00	26.41	74.09
1990	81.92	70.82	10.27	39.49	7.24	70.46	28.79	27.60	87.86	70.03	27.07	72.81
1991	83.76	73.45	5.92	39.63	7.11	71.11	30.70	27.57	89.09	73.10	26.47	71.95
1992	90.42	72.08	9.89	42.16	9.05	75.98	31.18	28.25	89.38	74.81	24.56	68.52
1993	96.96	82.09	4.91	44.15	13.23	81.19	27.37	32.26	84.05	79.21	23.02	65.37
1994	95.28	121.71	6.34	45.66	14.98	82.04	27.93	35.62	84.01	77.96	24.09	61.83
1995	99.93	120.88	7.69	49.13	13.51	89.39	30.68	39.62	82.63	79.08	23.03	61.25
1996	106.91	109.91	9.92	54.20	14.19	93.88	32.53	40.28	83.42	80.82	23.78	62.21
1997	115.22	98.05	10.49	56.66	17.57	103.70	29.68	43.43	83.73	91.69	26.01	63.17
1998	123.81	97.16	10.50	60.41	20.20	104.67	28.17	42.72	113.01	102.74	28.37	65.24
1999	133.70	98.66	10.76	58.76	15.48	112.62	26.82	45.61	121.27	104.69	35.67	67.43
2000	135.68	93.63	12.99	53.15	17.43	100.05	32.72	42.42	105.11	102.23	50.47	69.23
2001	144.36	89.66	14.15	51.27	18.20	103.44	34.10	46.21	115.13	102.15	58.13	72.18
2002	153.75	84.82	17.21	48.52	19.43	100.86	28.87	46.39	111.10	98.68	61.44	73.84
2003	162.88	87.70	17.96	47.46	19.24	102.55	21.09	44.41	116.54	119.35	67.04	73.67
2004	158.94	95.64	20.19	45.03	19.91	113.41	24.12	43.30	108.66	115.13	74.42	72.55
2005	160.08	85.70	19.51	43.35	18.71	118.93	22.10	42.53	105.29	111.76	82.30	72.92
2006	159.77	71.70	23.26	41.40	19.58	126.68	—	46.87	113.82	109.21	94.70	74.78
2007	151.78	74.09	32.28	41.75	24.15	124.11	—	47.07	111.69	106.80	117.88	79.12
2008	151.31	81.55	26.63	38.29	25.02	121.94	—	48.75	121.89	109.62	109.23	84.34
2009	178.04	90.17	32.39	38.15	31.90	145.56	—	50.62	140.05	117.23	103.24	87.58

资料来源：国务院发展研究中心信息网：World Bank 数据库，ADB 数据，http：//172.16.9.80：81/DRCNet.OLAP.BI/web/ChannelPage.aspx？channel = sjjjsjk。

一般情况下，发展中国家证券资本市场不发达，银行体系在其金融体系中极其重要，起到将储蓄转化为投资，为客户提供相关金融服务，降低投资者费用和风险的作用。银行体系在发展中国家对经济的促进作用要比在发达国家更重要。中国和东盟国家银行体系的重要性可以通过银行提供的信贷占 GDP 百分比反映（见表 3 – 2）。

表 3 – 2　1995—2008 年中国和东盟国家银行提供信贷占 GDP 百分比（%）

年份	中国	文莱	柬埔寨	印度尼西亚	老挝	马来西亚	缅甸	菲律宾	新加坡	泰国	越南
1995	87.70	—	5.29	51.82	9.95	172.96	32.47	64.27	61.64	141.32	20.07
1996	93.32	—	6.17	54.02	7.63	193.81	33.70	73.95	79.26	146.36	20.12
1997	100.72	—	6.87	59.55	15.05	221.81	30.98	84.47	85.21	177.58	21.24
1998	113.11	—	7.16	59.93	15.40	216.56	28.18	75.63	100.78	176.75	21.97
1999	119.33	41.00	6.55	62.07	9.27	197.25	26.76	69.17	97.33	155.78	28.92
2000	119.67	38.59	6.42	60.68	9.00	179.23	32.10	66.91	79.23	138.27	35.15
2001	123.00	35.63	5.57	54.47	13.10	189.17	33.95	63.30	94.24	128.57	39.73
2002	143.46	37.72	5.63	52.39	9.95	184.78	28.68	61.38	76.68	127.78	44.79
2003	151.88	29.43	6.57	49.20	8.60	180.86	22.13	60.14	82.46	130.75	51.80
2004	140.37	20.53	7.98	49.62	8.16	149.51	24.84	58.14	74.40	124.53	61.93
2005	135.56	10.38	7.22	46.20	8.10	136.22	—	50.63	64.27	119.18	71.22
2006	136.25	16.33	8.86	41.66	6.29	119.18	—	48.57	64.74	108.88	75.38
2007	132.01	18.52	12.90	40.60	6.49	113.43	—	45.96	71.97	131.51	96.19
2008	120.80	—	16.22	36.73	10.48	115.22	—	—	77.65	130.57	94.99

资料来源：国务院发展研究中心信息网：World Bank 数据库，ADB 数据，http：//172.16.9.80：81/DRCNet.OLAP.BI/web/ChannelPage.aspx？channel = sjjjsjk。

通过表 3 – 2 可以发现，在中国和东盟国家中，中国银行提供的信贷占 GDP 比例较高，2003 年达到 151.88%，马来西亚、泰国次之，其他国家除了柬埔寨、老挝外水平差异不大，这可能与各国的金融发展历史有关。比如，新加坡金融业特别发达，对金融市场的管制较少，是世界和亚洲的主要金融中心；资本证券市场也相当发达，投资者直接融资，所以银行信贷在 GDP 中所占比例不大。以上数据表明，除了比例较大的中国、马来西亚、泰国和比例较小的柬埔寨、老挝以外，其他国家的银行信贷占 GDP 的比例比较接近，银行对这些国家经济的影响也比较相似。因此，可以将中国和东盟国家的银行对经济的影响分为三个层次：中国、马来西亚、泰国影响最高的三国为一类，柬埔寨、老挝影响最低的两国为一类，其余国家为一类。在同类国家中的银行对经济的影响差异性比较小。

一国的金融体系中除了银行体系外，另一个重要的组成部分是证券资本市场，本书着重对中国和东盟国家利用外国直接投资和股票市场规模做比较。一国流入的外国直接投资规模反映出该国投资环境的好坏和经济开放程度，投资环境越便利、经济越开放，利用外国直接投资的规模就越大。20 世纪 90 年代以后，直接利用外国投资对经济的影响越来越重要。1995—2009 年中国和东盟各国直接利用外资的情况分别见表 3 - 3、表 3 - 4。

表 3 - 3　1995—2009 年中国和东盟国家外国直接投资净流入

单位：百万美元

年份	中国	文莱	柬埔寨	印度尼西亚	老挝
1995	35849.20	—	150.80	4346.00	95.10
1996	40180.00	—	293.60	6194.00	159.80
1997	44237.00	—	203.70	4677.00	86.30
1998	43751.00	—	242.83	-240.80	45.30
1999	38753.00	—	232.23	-1865.62	51.61
2000	38399.30	—	148.50	-4550.36	33.89
2001	44241.00	60.69	149.40	-2977.39	23.90
2002	49308.00	229.67	145.11	145.09	25.00
2003	47076.70	123.82	83.98	-596.92	19.40
2004	54936.50	113.21	131.42	1896.08	17.00
2005	79126.70	175.07	381.18	8336.26	27.70
2006	78094.70	87.84	483.21	4914.20	187.40
2007	138413.00	257.64	867.29	6928.48	323.50
2008	147791.00	239.09	815.18	9318.45	228.00
2009	78200.00	—	—	4877.37	—

续表

年份	马来西亚	缅甸	菲律宾	新加坡	泰国	越南
1995	4178. 24	279. 92	1478. 00	11535. 30	2067. 94	—
1996	5078. 41	313. 41	1517. 00	9682. 13	2335. 88	2395. 00
1997	5136. 51	390. 81	1222. 00	13752. 71	3894. 74	2220. 00
1998	2163. 40	317. 83	2287. 00	7313. 87	7314. 76	1671. 00
1999	3895. 26	255. 62	1247. 00	16577. 95	6102. 68	1412. 00
2000	3787. 63	258. 27	2240. 00	16484. 50	3365. 99	1298. 00
2001	553. 95	210. 32	195. 00	15093. 10	5067. 17	1300. 00
2002	3203. 42	152. 09	1542. 00	6381. 20	3341. 61	1400. 00
2003	2473. 16	251. 45	491. 00	11800. 10	5232. 27	1450. 00
2004	4624. 21	213. 55	688. 00	20053. 60	5860. 26	1610. 00
2005	3966. 01	237. 24	1854. 00	14374. 20	8055. 35	1954. 00
2006	6076. 12	278. 63	2921. 00	27680. 30	9452. 93	2400. 00
2007	8453. 77	258. 00	2916. 00	31550. 40	11324. 00	6700. 00
2008	7375. 91	283. 00	1544. 00	22724. 50	8570. 12	9579. 00
2009	1606. 75	—	1948. 00	16808. 82	5953. 02	—

资料来源：国务院发展研究中心信息网：World Bank 数据库，ADB 数据，http：//172. 16. 9. 80：81/DRCNet. OLAP. BI/web/ChannelPage. aspx？channel = sjjjsjk。

表 3 – 4　1995—2009 年中国和东盟国家外国直接投资净流入占 GDP 百分比（%）

年份	中国	文莱	柬埔寨	印度尼西亚	老挝	马来西亚	缅甸	菲律宾	新加坡	泰国	越南
1995	4. 92	—	4. 38	2. 15	5. 35	4. 70	0. 26	1. 99	13. 25	1. 23	—
1996	4. 69	—	8. 33	2. 72	8. 53	5. 04	—	1. 83	10. 46	1. 29	9. 71
1997	4. 64	—	5. 52	2. 17	4. 94	5. 13	—	1. 48	14. 35	2. 58	8. 27
1998	4. 29	—	7. 05	−0. 25	3. 54	3. 00	—	3. 51	8. 88	6. 54	6. 14
1999	3. 58	—	6. 43	−1. 33	3. 55	4. 92	—	1. 64	20. 07	4. 99	4. 92
2000	3. 20	—	4. 05	−2. 76	2. 07	4. 04	0. 07	2. 95	17. 48	2. 74	4. 16
2001	3. 34	1. 08	3. 76	−1. 86	1. 44	0. 60	0. 04	0. 27	17. 21	4. 39	3. 98
2002	3. 39	3. 93	3. 38	0. 07	1. 42	3. 18	0. 02	2. 01	7. 04	2. 63	3. 99
2003	2. 87	1. 89	1. 80	−0. 25	0. 96	2. 24	0. 02	0. 62	12. 30	3. 67	3. 67
2004	2. 84	1. 44	2. 46	0. 74	0. 72	3. 71	0. 01	0. 79	17. 79	3. 63	3. 54

续表

年份	中国	文莱	柬埔寨	印度尼西亚	老挝	马来西亚	缅甸	菲律宾	新加坡	泰国	越南
2005	3.51	1.84	6.06	2.92	1.02	2.87	0.01	1.88	11.46	4.57	3.69
2006	2.88	0.77	6.64	1.35	5.29	3.88	0.01	2.49	19.08	4.56	3.94
2007	3.96	2.10	10.04	1.60	7.68	4.53	0.01	2.02	17.85	4.58	9.43
2008	3.27	1.66	7.42	1.83	4.31	3.32	0.01	0.92	11.75	3.15	10.52
2009	1.57	—	—	0.90	—	0.83	—	1.21	9.22	2.26	

资料来源：国务院发展研究中心信息网：World Bank 数据库，ADB 数据，http：//172.16.9.80：81/DRCNet.OLAP.BI/web/ChannelPage.aspx？channel = sjjjsjk。

通过表 3－3、表 3－4 可以发现，中国和东盟国家相比，外国直接投资流入的规模最大，远高于东盟各国，2008 年最高，达 1477.91 亿美元。但从相对数比较，新加坡的比例远高于各国，除 1998 年、2002 年和 2009 年外均超过 10%，最高是 1999 年的 20.07%。除新加坡外的东盟各国外国直接投资流入占 GDP 的比例差异不大，这反映出中国和东盟各国从 20 世纪 70 年代以来积极推行开放政策，大力发展外向型经济，极大地改善了投资环境，使经济开放程度不断提高，对外国直接投资产生了巨大的吸引力。总体上看，中国和东盟国家中除新加坡外商直接投资流入水平较高外，其余各国差异较小。

影响资本证券市场水平的另一个重要因素是股票市场的发展，股票市场可以分散投资风险，为投资者提供多样化的投资工具。一个国家股票市场的发展水平对直接融资有极大的影响。1995—2009 年中国和东盟主要国家股票市值占 GDP 百分比见表 3－5。

表 3－5　1995—2009 年中国和东盟主要国家股票市值占 GDP 百分比（%）

年份	中国	印度尼西亚	马来西亚	菲律宾	新加坡	泰国	越南
1995	5.78	32.94	250.73	79.51	175.59	84.22	—
1996	13.29	40.03	304.58	97.38	162.30	54.94	—
1997	21.66	13.49	93.45	38.08	110.90	15.60	—
1998	22.69	23.16	136.55	54.19	114.65	31.20	—

续表

年份	中国	印度尼西亚	马来西亚	菲律宾	新加坡	泰国	越南
1999	30.53	45.78	183.76	55.34	240.17	47.71	—
2000	48.48	16.26	124.68	34.19	164.83	24.03	—
2001	39.55	14.34	129.34	58.31	136.99	31.46	—
2002	31.85	15.33	122.83	50.80	115.36	36.39	—
2003	41.51	23.28	152.79	29.59	246.04	84.99	0.40
2004	33.12	28.52	152.31	33.30	252.59	72.33	0.55
2005	34.59	28.48	131.37	40.63	261.83	70.80	0.87
2006	89.44	38.10	150.48	58.18	198.55	68.09	15.20
2007	178.20	49.01	174.41	71.66	211.73	79.34	28.48
2008	61.81	19.34	84.22	31.22	98.94	37.66	10.58
2009	100.53	32.98	132.72	49.76	170.53	52.35	21.81

资料来源：国务院发展研究中心信息网：World Bank 数据库，ADB 数据，http：//172.16.9.80：81/DRCNet.OLAP.BI/web/ChannelPage.aspx？channel = sjjjsjk。

通过表 3 - 5 可以看出，东盟国家中越南的股票市场发展比较缓慢，股票市值占 GDP 的比例较低；中国、印度尼西亚、马来西亚、菲律宾、新加坡、泰国的股票市场发展水平比较接近，股票市值占 GDP 比例最高的是马来西亚和新加坡。1996 年，马来西亚的股票市值占 GDP 的比例达到 304.58%；2005 年，新加坡的股票市值占 GDP 的比例高达 261.83%。从这一比例来看，中国和东盟各国的股票市场发展可以分为两个层次：一个层次是股票市场发展较好的中国、印度尼西亚、马来西亚、菲律宾、新加坡、泰国；另一个层次是像越南一样股票市场发展水平较低的其他国家。在各层次内，各国的股票市值占 GDP 的比例差异较小。

综上所述，中国和东盟各国通过自 20 世纪 70 年代以来的经济和金融改革，逐步消除了制约金融发展的制度和环境因素，各国银行业和资本证券市场都得到了巨大发展，银行和非银行金融机构对经济的影响不断扩大，金融结构发生了巨大变化，货币发行、银行信贷、外国直接投资、股票市场的规模也迅速扩大。中国和东盟国家的金融改革，既冲破了传统的金融体制，又促进了各国的金融开放，大大提高了各国的经济市场化和国际化程度。从中国和东盟各国的金融发展来看，虽然各国起点不同、模式不同，实施的政策也各有特点，但是通过对 M2/GDP、银行信贷占 GDP 的百分比、外国直接投资的净流入及其占 GDP 的百分比、股票市值占 GDP 的百分比这几个指标的分析发现，中国和东盟各国金融都得到了发展，各国间差异逐渐缩小，趋同性逐渐增强。

第四章
中国—东盟建立货币联盟的成本和收益分析

一个地区是否建立货币联盟，如果从经济学的角度分析，就需要比较其成本和收益。建立货币联盟使用共同货币后，最重要的损失是一国政府会失去独立的货币政策和汇率政策，这样在遭受总供给和总需求的非对称性冲击时，就会失去货币政策和汇率政策这两项纠正宏观经济失衡的重要工具，从而使国内经济处于长期的非均衡状态。因此，需要从理论和实证的角度分析中国—东盟国家建立货币联盟的成本和收益，为加速中国—东盟建立货币联盟提供理论上的参考。

第一节　传统成本收益分析理论

蒙代尔（1961）、麦金农（1963）、肯尼（1969）最早提出最优货币区成本—收益分析理论。一般认为，加入货币联盟的成本来源于一个国家放弃使用本国货币，即意味着该国政府将失去可用于调节本国经济的货币政策这一有力的政策工具。在一个使用单一货币的完全货币联盟中，成员国的中央银行将不再发行本国货币，货币发行将由统一的中央银行决定。货币联盟成员国将不能通过发行货币或者促使汇率下降来影响本国的通货膨胀率，且由统一的中央银行决定成员国的利率水平，即货币联盟成员国失去了对本国经济进行宏观调控时可以利用的利率和汇率这两个基本工具。当货币联盟成员国的经济遭受联盟内供给和需求的非对称性冲击时，就不能通过采取行之有效的利率和汇率政策应对冲击，以避免发生经济衰退，这就意味着放弃独立的货币政策，将使本国经济需要承担巨大的成本。

一、加入货币联盟的成本

（一）需求转移时无法调节

蒙代尔（1961）在关于最优货币区的研究中，举例分析了在货币联盟成员国都放弃本国货币时发生需求转移的情况。假定法国（F）和德国（G）建立单一货币区，统一使用某种单一货币，由于法国居民的消费偏好发生转移，偏好消费德国产品，因此两国总需求的变化如图 4 - 1 所示。

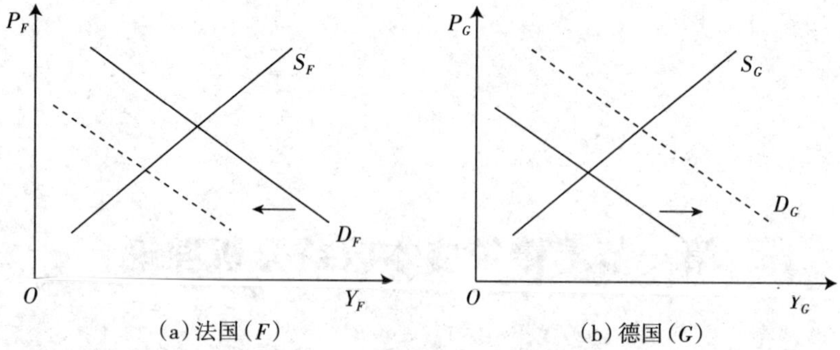

图 4－1 法国（F）和德国（G）的总需求曲线

需求转移使德国的总需求曲线向右移动，总产出上升，价格总水平上升，减少了失业。法国的总需求曲线则向左移动，总产出下降，价格总水平下降，增加了失业。在国际收支方面，由于经常账户差额等于国内产出与国内消费之差，当需求转移引起法国产出下降时，如果国内消费没有同时发生相同幅度的下降，则会出现经常项目逆差，而德国则出现经常项目顺差。

需求转移引发的非均衡冲击给法国和德国经济造成的影响表现为，法国出现高失业和经常项目逆差，德国则出现经常项目顺差和通货膨胀压力。一般地，如果价格、工资具有完全弹性，或者两国间劳动力要素能够自由流动，那么这种非均衡会由市场调节自动消失；如果工资和价格弹性较小或者劳动力流动性较弱，那么可以通过两国的汇率变动——马克兑法郎的升值消除这种非均衡。马克升值使法国产品更具竞争力，从而使得对德国产品的需求减少，需求曲线向下移动；相反，法郎的贬值使得对法国产品需求增加，需求曲线向上移动，从而达到初始的均衡状态，这样法国解决了失业问题，德国也消除了应对通货膨胀的压力。

通过以上分析可知，在价格、工资缺乏弹性，劳动力要素不能自由流动时，汇率政策将是调整两国经济非均衡的重要工具。而德、法两国一旦建立货币联盟，实行单一货币，就意味着永久地放弃这一政策工具，法国承受失业和贸易赤字的压力，德国则面临通货膨胀的压力。这些是使用单一货币的成本。

（二）各国对失业和通货膨胀的不同偏好带来的成本

不同国家对失业和通货膨胀的容忍程度不同，有的国家对失业敏感，有的国家则对通货膨胀敏感。这种对待失业和通货膨胀的不同态度，必然使各国加入货币联盟时产生较大的成本，使成员国自身的失业和通货膨胀之间的均衡搭配失调。我们可以用菲利普斯曲线对这一问题做出说明（见图4－2）。

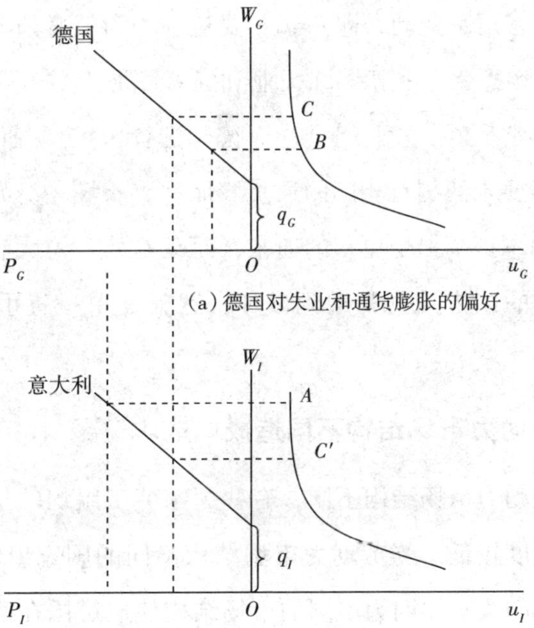

(a) 德国对失业和通货膨胀的偏好

(b) 意大利对失业和通货膨胀的偏好

图4－2　德、意两国对失业和通货膨胀的不同偏好

图4－2中横轴为失业率，纵轴为工资变化率。这里假设菲利普斯曲线不随通货膨胀预期的变化而变化。图4－2中左边的曲线表示工资变化和价格变化之间的关系，其表达方程可写为

$$P_I = W_I - q_I \tag{4-1}$$

$$P_G = W_G - q_G \tag{4-2}$$

其中，P_I和P_G分别表示意大利和德国的通货膨胀水平；W_I和W_G分别为两国的工资增长率；q_I和q_G分别为两国的劳动生产率增长率，同时在图4-2中分别为两条直线的截距。通过购买力平价把两国通货膨胀率联系起来。

$$e = P_I - P_G \qquad (4-3)$$

e为里拉对马克的贬值（或增值）率。方程（4-3）表示一种均衡状态，如果意大利有较高的国内通货膨胀率，那么为了保证意大利产品竞争力不变，只有通过里拉的贬值实现。而一旦德、意两国间实现单一货币，就意味着将没有汇率变动，即$e=0$，要达到均衡就必须要求两国通货膨胀水平相同。设定意大利和德国在失业和通货膨胀上偏好不同，意大利选择A点作为均衡通货膨胀失业组合，而德国选择B点。建立单一货币区后，由于$e=0$，则要求两国有相同的通货膨胀率，在图中分别为C'点和C点。在C点，德国不得不接受更多的通胀，而在C'点，意大利不得不接受更多的失业，两国的国内均衡都遭到破坏，这就是单一货币给成员国带来的成本。

（三）劳动力市场结构不同造成的成本

各国的劳动力市场结构不同，有些国家劳工组织的集中度较高，而有些国家的集中度较低。当劳动力市场结构不同的国家组成单一货币区时，容易产生较大的成本，因为不同的市场结构使成员国在面临相同的供给冲击时工资的变化不一致，所以两国经济会出现非均衡。

供给冲击对劳动力市场结构不同的国家会产生不同的影响。当一国工资谈判集中度较大时，统一的劳工组织会考虑工资增长的通货膨胀效应，而不会提出过高的工资要求，因为他们理性地认识到当过高的工资要求实现时，会因为工资增长带来通货膨胀效应，导致只会增加名义工资而实际工资不会改变。在这种情况下，当遭受供给冲击时，统一的劳工组织会意识到实际工资下降是由于供给冲击造成的，而无法通过名义工资上涨弥补。

在工资谈判集中度较弱时，情况则相反。每个独立的劳工组织都认为自身名义工资的上涨不会对整体劳动力价格水平产生影响，因为他们仅仅是整个劳动力市场的一部分，所以趋向于要求更高的名义工资。其结果是，每个劳工组织都竞相要求提高工资，以避免在整体物价水平上涨时自己的实际工资下降。这种非合作博弈的均衡点是所有工人的名义工资都上升，整体物价水平也上扬。在遇到供给冲击时，这种分散的市场结构不利于工资的调整；在信息不充分的情况下，没有单个组织愿意第一个下调名义工资，因为它将面临其他组织不跟随的风险，在无跟随者的情况下，就意味着自身实际工资的下降。

劳工组织集中度不同的国家组成单一货币区，在遭受相同的供给冲击时，各国对冲击的吸纳能力不同。一般来说，集中度高的国家就业比较充分，产出所受影响不大；而集中度低的国家就会增加失业，使产出下降。在单一货币下，这种非均衡因各成员国不能实施独立的汇率政策而变得较难调整。然而，这种情况也不是绝对的，劳工组织集中度过高容易形成垄断，同样不利于增加就业，也会减弱对冲击的吸纳能力。

（四）各国财政制度不同造成的成本

各国的财政制度也存在重大差异。在方式上，采用不同的债务和货币融资组合，会使各国在选择政府预算赤字的融资方式上受到制约。

一般情况下，财税制度不发达的国家倾向于以通货膨胀税为财政融资，因为在其国内通过增税方式融资的成本较大；相反，财税制度较完善的国家则倾向于通过提高税收为其赤字提供融资，因为健全的财税制度使融资成本降低。理性的政府在选择赤字融资方式时，力图使各种筹资方式的边际成本相同：当增税的边际成本大于通货膨胀的边际成本时，倾向于通货膨胀融资；反之，则倾向于税收融资。然而，一旦两国组成单一货币区，成本最小的赤字融资方式的选择将受到限制。为了保证与其他成员国相似的通货膨胀率，财税制度不完善的国家将被迫放弃通货膨胀融资方式而转向增税方式（假定政府开支不变）。对于该国来说，税收融资的边际成本大于通货膨胀融资的边际成本，这显然不符合帕累托最优，是一种社会福利的净损失。

（五）经济增长率不同导致贸易不平衡

以 A、B 两国为例，设初始状态下两国经济规模相同，即 $Y_a = Y_b$；两国的经济增长率分别为 R_a 和 R_b，A 国的经济增长率大于 B 国，即 $R_a > R_b$；A 国的进口收入弹性等于 B 国的进口收入弹性，即 $E_a = E_b = k$。随着经济增长，A 国从 B 国增加的进口为 $Y_a R_a k$，B 国从 A 国增加的进口为 $Y_b R_b k$。因为 A 国的经济增长速度快于 B 国，所以 A 国从 B 国增加的进口大于 B 国从 A 国增加的进口，这将导致 A 国的贸易状况恶化。要消除经常项目的长期逆差，A 国可以改变两国产品的相对价格，以便其产品比 B 国产品更具竞争力。为达到这一目标，通常有两条途径：一是 A 国货币贬值；二是紧缩国内经济，降低国内价格水平。如果是单一货币区，一国没有独立的货币政策和汇率政策，则只能选择第二条途径，即采取紧缩性经济政策以降低国内价格水平，但可能导致经济衰退，这是单一货币给经济发展较快国家带来的损失。

综上所述，如果一个地区的各成员国组成货币联盟，在建立单一货币区后，由于失去了货币政策和汇率政策这两项调控宏观经济的手段，在遭受非对称性冲击时，成员国缺乏有效的政策手段调整经济，恢复本国宏观经济的均衡，这无疑是单一货币区的最大成本，其他成本则是从这一成本中派生出来的。

（六）对传统成本理论的评价

传统的成本分析强调总供给和总需求的非对称性冲击，以及各国汇率政策失效所带来的影响。如果影响大，那么加入货币联盟，放弃原有货币，统一使用一种货币的成本就会很高，这种情况下各个国家都不会加入货币联盟。

但随着研究的进一步深入，人们发现以下因素会减小加入货币联盟的成本。

第一，非对称性冲击的可能性会随着经济贸易的一体化，统一市场的建立，以及各成员国在规模经济和不完全竞争（产品差异）基础上产业内贸易的增加而减小。因为随着上述情况的发展，促使各国在国家贸易中交易同类产品，所以在遭受冲击时，各成员国可能减少对同类商品的需求，其产生的冲击是对称性的，如前面提到的德国和法国受需求冲击的例子。如果一个国家需求减少，其他国家可能对同类商品的需求都减少，那么这些冲击更可能是对称性的，而不是非对称性的。目前，发达国家之间的贸易主要集中在水平分工的产业内贸易，产业间分工较少。这种贸易分工模式不会导致成员国间的产业结构存在较大差异，需求和供给变动对经济的冲击更趋向于对称，从而使出现一国萧条而另一国繁荣局面的可能性减小。因此，对于成员国来说，加入单一货币的成本较小，且随着区域内要素流动速度的加快，联盟内的经济更趋向于均质。另外，欧元区的经验表明，随着单一市场的形成、各国间贸易障碍的减少、各成员国之间服务贸易数量的增加和银行体系与金融市场的一体化，使大多数需求冲击产生相同的效应而不是非对称性的。这些因素都使经济体加入货币联盟的成本大大降低。

第二，汇率的变动对经济的调整可能是无效的。用简单的总供求曲线进行分析，如图 4－3 所示。假设法国的总需求减少，法国政府为了刺激总需求而采取降低汇率的政策，法郎贬值使法国的总需求曲线右移，经济的均衡点移到 E 点，法国的产出和价格水平上升。此外，由于法郎贬值，进口商品的价格上涨也导致法国价格水平上升，法国工人的通货膨胀预期上升从而要求增加工资，以抵销价格上升的影响。工资增加导致成本上升而总供给减少，总供给曲线向左移动，经济的均衡点从 E 点移到 E' 点，此时的产出水平与原来的相等均为 Y^*，所以只能价格水平上升了。因此，我们发现，工人工资及其运行机制的影响导致汇率变动对减少非对称性冲击的作用有限。名义汇率的变动对宏观经济均衡的影响是暂时的，宏观经济最终会回到长期总供给曲线上，产出不变而价格上涨。对于加入货币联盟的国家来说，放弃汇率政策这一调整宏观经济的手段虽是有成本的，却得到了价格总水平稳定的收益。因此，放弃汇率作为调整宏观经济手段的成本就不是那么明显了。

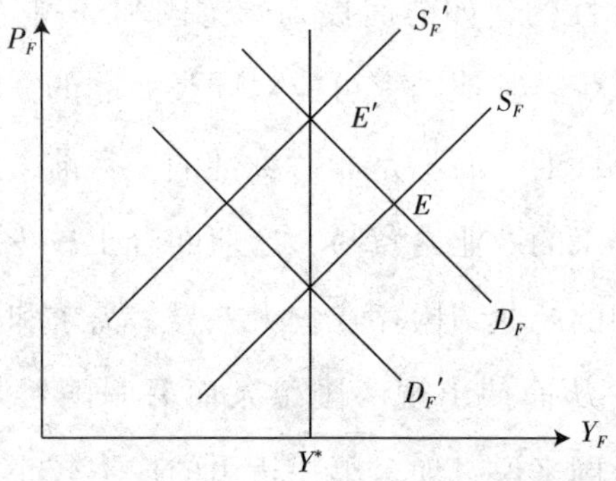

图 4-3　货币贬值对宏观经济均衡的影响

通过以上分析可以发现，名义汇率变化对产出和就业没有长期效应。从长期看，掌握独立的货币政策和汇率政策的国家，往往发现汇率变动是宏观经济波动的根源，而并非稳定宏观经济的政策工具。因此，随着要素流动性增强，经济的趋同性增加，非对称性冲击的概率减小，在经济开放度较大的情况下，汇率政策工具在长期内趋于无效，在短期内的效应也是比较小的。总而言之，建立货币联盟，实行单一货币的成本不是很大。

二、加入货币联盟的收益

一般认为，加入货币联盟，采用单一货币，消除了国与国之间在经济交往中由于不同货币之间进行兑换而产生的交易成本。同时，也将由汇率波动的不确定性带来的风险降低到零，从而提高一国经济效率，增加国家福利。

（一）有助于消除货币兑换成本

1. 直接收益

加入货币联盟后，各国均使用相同的货币，这就消除了成员国货币之间的换汇成本，这是单一货币最直接的收益。根据欧盟委员会的估计，这笔费用每年高达 130 亿 ~ 200 亿欧元，约占欧盟 GDP 的 0.5%。除此之外，货币联盟因使用相同的货币所获得的收益还包括源自单一市场的其他收益。

随着货币兑换的消失，与货币兑换相关的费用也将完全消失，各国银行货币兑换的佣金收入大约占其总收入的 5%，由银行兑换获得的收入也随之消失。有人可能认为，公众获得的这些收益大多是银行业的损失，整个国家的总收益并未增加，但货币兑换的交易成本实际上是一种净损失，就如同消费者交的一笔税，没有任何回报。不过，银行因此面临一个转型问题，由于收入下降，它们必须寻求新的利润增长点，而在银行完成转型之后，整个社会将获益。以前从事货币兑换的银行雇员，现在可以从事更有价值的工作，整个国家的经济效率将随之提高，这也是货币联盟带来的收益。

2. 间接收益

交易成本的消除还会产生间接收益（尽管不容易量化）。欧元的诞生会增强价格的透明度，即用一种货币单位标识价格，消费者在购物时能更好地进行价格对比。同时，这又会强化商家之间的竞争，最终使所有的消费者都会因价格的降低而从中受益。问题是这一效应是否如此显著，以至于对欧元区的定价方式产生了深刻影响。如果各国使用自己的货币，那么不同国家的市场是分割的，由于汇兑成本、管理成本以及税收差异等，导致价格歧视普遍存在。货币联盟内，交易成本的消除将减少区域内各成员国市场存在的价格歧视，使同款产品在不同市场上的价格趋于一致，而且汇兑成本的消除更便于消费者比较不同国家市场上同类商品的价格，并选择价格最低的市场购买自己所需要的产品，从而增加了消费者的福利。

（二）有助于消除汇率波动风险

汇率变化的不确定性会引起公司未来收入的不确定性。人们普遍认为在风险回避者的世界里，这样会降低福利收益。一般来说，假定预期收入相同，风险回避者就会偏好更加确定的未来收入，而不是相反的情况。换言之，未来风险越大，他们要求的回报就越高。消除汇率风险可以减少收入变动的不确定性，因而增加了他们的福利。汇率变化的不确定性必然影响到投资者的未来收益，使风险厌恶者谨慎于贸易和投资，从而降低社会福利。单一货币消除了汇率的变化，使未来收益更加确定，这将刺激投资者扩大经济行为，增加产出。这是传统最优货币区理论关于单一货币收益最重要的观点。

汇率变动将随着货币联盟的建立成为历史。在国际贸易和跨国投资中，汇率变动的不确定性影响了人们的信心，加大了贸易和投资的风险。对于风险厌恶者来说，汇率风险的增加将降低他们从事生产经营的动力。汇率风险是如何影响国际贸易呢？在任何一种贸易行为中，从签订合同到出口商拿到货款都是有时间间隔的。在这段时间里汇率有波动，出口商的记账单位与成本核算以本币进行，外币折合为本币的汇率变动使他面临着汇率风险。虽然出口商可以在合同中要求以本币为结算货币消除这种风险，但汇率风险并没有被完全消除，而是转移到了进口商身上。对进口商来讲，从订货到收货也有时间间隔，如果这段时间里外币价格有所波动，那么由汇率变动产生损失的风险便存在。可见，贸易合同中结算币种的选择只能起到在进出口商之间分配风险的作用，并不能消除汇率变动给某方带来的意外损失。货币联盟可以消除汇率波动风险，实际上为各国货币提供了无成本的、无限制的保值。也就是说，多种货币的消失意味着汇率风险的消失。

（三）有助于完善货币联盟价格机制

价格机制与汇率波动的风险相联系。价格是引导生产者和消费者行为的重要信号。如果汇率不稳定，将导致商品价格和劳务价格波动，汇率的不确定性会引致商品和劳务未来价格的不确定性，进而影响经济主体进行经济决策的质量，增加调整成本。经济主体根据价格体系提供的信息，做出有关生产、投资和消费的决策。未来价格的不确定性越大，决策的准确性就越低。而单一货币的引入，可以消除由汇率因素造成的价格波动，使价格机制能够更有效地指导市场行为，减少调整成本。

如果价格不确定性引发的风险增加，就会使实际利率上升。这是因为当投资项目预期收益的不确定性增加时，风险回避型的投资者就会要求更高的风险补偿，以抵销投资项目的高风险。此外，在风险更大的经济环境中，经济主体会提高未来收益预期折现的贴现率。这样，引发系统性风险上升的汇率不确定性的增加就会提高实际利率。然而利率越高，在有效选择投资项目过程中出现的问题就越多。

这些问题必然与道德风险和逆向选择有关。利率上升改变了借款者的动机，由此引发了道德风险问题，因为借款者发现提高投资项目的风险更加有利，这缘于预期收益和损失的不对称性。如果投资项目成功了，借款者就会获得额外收益；如果投资项目失败了，借款者即使是破产，其损失也仅限于投资项目中的股份。利率越高，道德风险问题就越严重。这种非对称性促成了借款者选择高风险项目的动机。一般来说，当实际利率上升时，投资项目更具风险性。与此同时，贷款人也会设法要求额外的风险补偿以保护自己，这样又使问题进一步恶化。一般而言，为避免道德风险问题出现，贷款者会运用贷款限额的方式降低其风险。

逆向选择问题也会导致相同的结果。当利率上升时，低风险的投资项目会退出信贷市场。在投资者看来，以较高利率为这些低风险投资项目融资并不合算。总体而言，当利率上升时，投资项目的风险将会增加。

道德风险与逆向选择两种现象都会使市场选择高风险的投资项目，因此增加了系统性风险。通过使用共同货币可以根除这一风险的存在，从而减少市场选择的高风险性贷款项目的数量。

因此，随着货币联盟的建立，汇率波动风险的消除会促进价格机制更有效地运作。尽管这一效应不容易被量化，但仍是欧洲引入单一货币的一个重要收益。

（四）有助于增加政府信用

货币联盟将建立统一的中央银行，执行同样的反通货膨胀的货币政策，这样不同国家对通货膨胀的不同偏好将被消除。两个通货膨胀率差异较大的国家建成货币联盟，实行单一货币后，反通货膨胀信用较差的国家将从反通货膨胀信用较好的国家获得信用，从而降低其通货膨胀，增加其社会福利。

（五）有助于扩大使用范围，促进国内外业务发展

在各国结成货币联盟后，发行一种新的货币，该货币在国际货币关系中的地位将远高于加入货币联盟前各国货币的总和，新的共同货币在货币联盟之外的使用范围可能越来越广。这就使货币联盟获得了额外收益。

共同货币作为国际结算的记账单位和交易媒介，其优势明显。一是一

种货币在国际上被广泛使用，其发行者必将获得额外收益。例如，美联储发行的一半以上的美元现钞在美国境外使用。与美元仅在国内使用的情况相比，美联储资产负债平衡表的规模要扩大一倍多，其利润也要扩大一倍多，这些利润均上交美国政府。在给定政府支出规模的条件下，美元在世界范围广泛使用的收益表现为，美国民众只需缴纳较低的税收。如果结成货币联盟，联盟的货币实力将增强为像美元一样的国际货币，那么各成员国的国民也将受益。二是收益来源可能较大，但这很难被量化。一国货币上升为国际货币将推动其国内金融市场的业务发展。外国居民会希望投资或发行以该货币为面值的债券，不仅国内银行而且资本市场也将拓展其业务范围。同时，这又会促进国内的金融创新以增加就业机会。

综上所述，建立货币联盟会获得许多重要收益。第一，引入共同货币降低了交易成本。这不仅会产生直接收益，而且会产生间接收益，因为这样会促进成员国经济的融合。第二，笔者认为，虽然汇率风险的下降是否也会降低货币联盟的系统性风险尚不清楚，但是通过降低价格所具有的不确定性，导致共同货币会提高价格机制的资源配置效率，从而增进一国的经济福利，尽管这一效应难以被量化。第三，共同货币的使用提高了价格透明度，由此促进了竞争，消费者能从中受益。汇率风险的降低将刺激其他领域（金融、制度、政治）的一体化进程，这就强化了竞争，增加了一国福利。第四，如果新的共同货币逐渐成为真正的全球货币，那么将会以政府收入增加和货币联盟内金融业扩张的形式获得额外收益。

第二节 现代成本收益分析理论

自蒙代尔创立最优货币区理论以来，世界发生了巨大变化。第一，近年来，世界上独立国家的数量大增，与货币数量的增加比大约为1∶1。尽管出现越来越多的货币一体化，但是世界经济还是发生了货币增值。国际贸易在产品和资产上的增长也要从普通货币上提高交易效益，因此导致了独立资金数量的减少。第二，20世纪70年代末期以来，各国鼓励控制通货膨胀，从而将不可挽回的固定汇率制度看作一个可以保持物价稳定的手段。采用另一个国家的货币或维护一个货币格局被视为可信赖的承诺设置，而不再是简单的固定汇率。第三，亚洲金融危机促进了关于新国际金融体系的讨论。第四，随着欧元区（EMU）的建立，单一货币区理论变为现实。除此之外，还有许多跨国货币运动的例子，如美元正在厄瓜多尔和萨尔瓦多被使用；在许多拉美国家，美元的使用也正在被积极地考虑，包括墨西哥、危地马拉和秘鲁。6个西非国家已同意于2003年为地区创建一个新的共同货币，南非发展共同体的11个成员国正在讨论是否采用美元或创建一个可能固定在南非兰特的独立的货币联盟。6个产油国（沙特阿拉伯、阿拉伯联合酋长国、巴林、阿曼、卡塔尔和科威特）已宣布，到2010年形成一个货币联盟。此外，有几个国家已经保持将美元或欧元作为锚货币。这些变化激发了学者对OCA在理论和实证调查上新的兴趣，对这些新问题的不断探索促进了最优货币区成本—收益分析理论的发展。

一、分析模型

（一）结构和假设

以多恩布什、费希尔和萨缪尔森（1977）和布兰查德、科尔塔克（1987）提出的模型为基础，分析最优货币区的成本和收益，使用包括两个国家、两种商品（包括非贸易品）的李嘉图贸易模型。模型中存在名义刚性、汇率、贸易成本、国家权威的损失函数，以及对商品和货币随机偏好的柯布—道格拉斯生产函数。模型不考虑资本存在，只做静态分析。假定世界是由两个国家组成（本国和外国，外国用 * 表示）。唯一的生产要素劳动力（L 和 L^*）是在同一国内的部门之间完全流动的，劳动力最初假定在不同国家是不流动的。

1. 不确定性的、刚性的、行动的时机

不确定性来自需求和货币冲击。世界最初处于充分就业的均衡状态，初始工资为 w_0 和 w_0^*，通货膨胀是在初始均衡之后的价格变化。如果存在不确定性，则名义工资水平为 w_s 和 w_s^*，高于 w_0 和 w_0^* 时，幅度由本国货币供应量的预期增长率决定。

不确定性消失后，在给定的工资水平下，劳动力供给弹性是无限的，直至达到充分就业，但不能高于充分就业；厂商选择最优的竞争性就业和价格水平，总就业水平必须小于或等于充分就业的水平。消费者在选择最优消费和持有的货币余额数量时，会考虑他们新的偏好和现金捐赠。

这些假设会产生一个表示价格和就业联系的极端菲利普斯曲线，这一曲线在没有达到充分就业的边际成本时是水平的，一旦达到充分就业就是垂直的，即使是小幅度的突起也不会改变它的性质。

2. 技术和专业化

每个国家都生产一种贸易品（产品 A 本国和产品 B 外国）和一种非贸

易品（N 或 N^*），假设各国完全进行专业化生产，这种专业化起源于李嘉图的比较优势。一般情况下，假定本国专门生产产品 A。只有劳动力为唯一生产要素的生产函数是规模报酬不变的。产品的供给函数为

$$A^s = \gamma L_A ; B^{s*} = \delta L_B^* ; N^s = \Psi L_N ; N^{*s*} = \Phi L_N^* \tag{4-4}$$

其中，γ，δ，Ψ，Φ 分别表示 A，B^*，N，N^* 的劳动生产率；L_A，L_B^*，L_N，L_N^* 表示在同样部门内雇佣劳动力的数量。

3. 偏好

个人有一个货币偏好柯布—道格拉斯生产函数，两种贸易品（N^* 和 N）和一种非贸易品（A 或 B）。假设两个国家都有不同偏好是为了研究开放程度的影响和对称性冲击对货币联盟需求的影响。在不确定性消失之后，考虑新的偏好和现金余额，有代表性的家庭消费者 i 选择的名义货币余额（m'_i）和三种产品的消费量（A_i，B_i 和 N_i），消费者在下面的随机偏好条件下获得最大的效用。

$$U_i = (A_i^{\alpha} B_i^{\beta} N_i^{(1-\alpha-\beta)})^{\lambda} (m'_i)^{1-\lambda} \tag{4-5}$$

约束条件：

$$p_A A_i + eP_B^* \tau B_i + p_N N_i + m'_i = y_i + m_i$$

外国消费者 j 选择的名义货币余额（$m_j^{*'}$）和三种产品的消费量（A_j，B_j 和 N_j^*），在下面的随机偏好条件下获得最大的效用。

$$U_j^* = (A_j^{\alpha^*} B_j^{\beta^*} N^{*(1-\alpha^*-\beta^*)})^{\lambda^*} (m_j^{*'})^{1-\lambda^*} \tag{4-6}$$

约束条件：

$$\frac{p_A}{e} \tau A_j + p_B^* B_j + p_{N^*}^* N_j^* + m_j^{*'} = y_j^* + m_j^*$$

其中，p_A，p_B^*，p_N 和 $p_{N^*}^*$ 分别为 A，B，N，N^* 在国内销售的本国货币价格。汇率（e）被定义为本国货币兑换外国货币的比率。用参数 $\tau > 1$ 表示萨缪尔森的"冰山成本"，即交易成本，它是在浮动汇率下厂商在货币兑换时必须承担的成本，即消费者购买 τ 单位外国产品需要 1 单位的交易费用。

在货币联盟中 $\tau = 1$，$e = 1$。家庭和外国消费者的货币禀赋分别由 m_i 和 m_j^* 表示，而 y_j 和 y_j^* 分别表示他们的名义收入水平。每个人在给定的工资水平下向国内厂商提供劳动，然后从这些公司获得收入，他的收入是国内厂商收入的一部分（$1/L$ 或 $1/L^*$）。

4. 冲击和货币规则

随机偏好参数表示商品需求和货币变动产生的冲击。这些参数比率的变动服从截尾正态分布，表 4－1 中描述了参数比率变动的均值、标准差和置信区间。λ 和 λ^* 的初始值与分析无关，为了简化都设置为 0.5，意味着每个国家的名义收入和货币存量的最初值都相等。由于无法预期货币供给冲击将进入的最终作用机制，本书对货币供给冲击的机制不再分析。因此，货币需求冲击可被理解为一般的货币冲击，其变量服从表 4－1 的分布。

表 4－1　变量分布情况

变量	变量值	均值	标准差	置信区间
χ_α	$d\alpha/\alpha$	0	σ_α	$(-z_\alpha, z_\alpha)$
χ_β	$d\beta/\beta$	0	σ_β	$(-z_\beta, z_\beta)$
χ_λ	$d\lambda/\lambda$	0	σ_λ	$(-z_\lambda, z_\lambda)$
$\chi_\alpha{}^*$	$d\alpha^*/\alpha^*$	0	$\sigma_\alpha{}^*$	$(-z_\alpha{}^*, z_\alpha{}^*)$
$\chi_\beta{}^*$	$d\beta^*/\beta^*$	0	$\sigma_\beta{}^*$	$(-z_\beta{}^*, z_\beta{}^*)$
$\chi_\lambda{}^*$	$d\lambda^*/\lambda^*$	0	$\sigma_\lambda{}^*$	$(-z_\lambda{}^*, z_\lambda{}^*)$

货币当局通货膨胀偏好的程度由外生的和预期的国家货币储备增长（百分比计算）代表，μ 表示国内的通货膨胀偏好，μ^* 表示国外的通货膨胀偏好；在一个货币联盟中 $\mu = \mu^* = \mu^{cu}$，在完全预期的情况下，初始工资被给定，由货币供给的增长一次性转变给个人，此时的工资为 $w_s = w_0(1 + \mu)$ 和 $w_s^* = w_0^*(1 + \mu^*)$。

货币当局不允许采取斟酌行事的政策。在浮动汇率下，货币供应量将根据当局的通货膨胀偏好程度（μ^k）在每个国家（k）都发生改变。在一个货币联盟中，货币供应量不会因为国家的不同而发生改变，不同国家的通货膨胀偏好（μ^{cu}）也是相同的，而且可以通过货币市场在不同国家间的货币再分配上实现平衡（ξ_{cu}^{k}，百分比计算）。

$$M_{FLEX}^{k} = M_0^k(1 + \mu^k), \quad M_{cu}^{k} = m_0^k(1 + \mu^{cu} = \xi_{cu}^{k}) \tag{4-7}$$

其中，下标 0 代表该变量的初始值。

（二）均衡

1. 消费者行为

消费者偏好相同，使其效用最大化，可以推导出以下对产品的需求。

$$P_A A^d = \alpha\lambda(Y + M); \quad eP_B rB^d = \beta\lambda(Y + M);$$
$$P_N ND^d = (1 - \alpha - \beta)\lambda(Y + M) \tag{4-8}$$
$$P_A \tau A^{d^*} = \alpha^* \lambda^* e(Y^* + M^*); \quad P_B^* B^{d^*} = \beta^* \lambda^* (Y^* + M^*);$$
$$P_N^* N^{d^*} = (1 - \alpha^* - \beta^*)\lambda^*(Y^* + M^*)$$

对于货币：

$$M' = (1 - \lambda)(Y + M); \quad M^{*\prime} = (1 - \lambda^*)(Y^* + M^*) \tag{4-9}$$

其中，上标 d 表示总需求；Y 和 M 分别代表 k 国的总收入和 k 国的总货币量。

2. 厂商的行为

不确定性消失后，国内和国外企业最大化利润的条件分别表示为

$$w = w_s; \quad L_A + L_{N^*} \leqslant L_N$$
$$w^* = w_s^*; \quad L_B^* + L_{N^*}^* \leqslant L^* \tag{4-10}$$

当一个国家产品总需求增长的最初平衡被打破时，由于工资存在刚性需求，该国企业的工资水平不变，可以把价格提高到边际成本之上，于是此时是最优的，因为企业不用雇用更多的工人生产更多的产品。当一个国家产品的总需求下降时，对于既定工资，该国企业将减少工人数量，直到总产出等于边际成本与价格相等的总需求。例如，在国内，条件为

$$P_A \geqslant w_s/\gamma; \quad P_N \geqslant w_s/\Psi; \quad L_A + L_N = L \tag{4-11}$$

或者

$$P_A = w_s/\gamma; \quad P_N = w_s/\Psi; \quad L_A + L_N \leqslant L \tag{4-12}$$

相似的条件也适用于国外。

3. 市场的均衡

推导平衡条件，在不同的汇率制度下对冲击的调整进行分析。考虑到一阶条件，在四种产品市场的均衡（对于 A，B，N 和 N^*）表明

$$P_A A^s + P_N N^s = Y = (1-\beta)\lambda(Y+M) + \alpha^* \lambda^* e(Y^* + M^*) \tag{4-13}$$

$$P_b^* B^{s*} + P_{N^*}^* N^{*s} = Y^* = \beta\lambda(Y+M)/e + (1-\alpha^*)\lambda^*(Y^* M^*)$$

两个货币市场的均衡为

$$Y = \frac{\lambda}{1-\lambda}M; \quad Y^* = \frac{\lambda^*}{1-\lambda^*}M^* \tag{4-14}$$

产品市场的均衡是通过调整两个国家的名义收入达到的。在浮动汇率制度下，货币市场通过汇率变动和货币联盟中的货币再分配实现均衡。

当产品和货币市场处于均衡状态时，贸易差额（tb，以本国货币衡量）为零，因为它很容易通过总的个人预算约束得到

$$tb = P_A e p^{d*} - eP_B^* \tau B^d = \alpha^* \frac{\lambda^*}{1-\lambda^*} e_M{}^* - \beta \frac{\lambda}{1-\lambda} M = 0 \tag{4-15}$$

在浮动汇率制度下，贸易差额的均衡决定了汇率的均衡水平如下

$$e = \frac{M}{M^*} \frac{\beta}{\alpha^*} \frac{\lambda}{1-\lambda} \frac{\lambda^*}{1-\lambda^*} \tag{4-16}$$

而且对两个国家而言，在货币联盟中（$e = 1$），它决定了世界货币存量的分布，并与整体的平衡是一致的。

$$\frac{M}{M^*} = \frac{\alpha^*}{\beta} \frac{\lambda^*}{1-\lambda^*} \frac{1-\lambda}{\lambda} \tag{4-17}$$

这种均衡的条件对于任何冲击（适时有限的）都是适用的，与名义刚

性的存在无关。如果工资是灵活有弹性的，那么每个国家都将永远处在充分就业和利润为零的状态。然而，在工资刚性的存在下，每个国家都经历超过 μ^k（伴随正的利润）的通货膨胀或失业。

4. 初始均衡

在初始均衡下，货币存量（M_0，M_0^*）的最初值、偏好参数（α_0，α_0^*，β_0，β_0^* 和 $\lambda_0 = \lambda_0^* = 0.5$）和工资（$w_0$，$w_0^*$）与这两个国家的充分就业和零利润一致。因此，此均衡是在工资灵活调整的基础上实现的。产品和货币市场均衡与上述均衡非常类似。尤其在给定 $\lambda_0 = \lambda_0^* = 0.5$ 的情况下可得到

$$Y_0^k = w_0^k L^k = M_0^k \tag{4-18}$$

其中，k 为一个国家的指数。一般情况下，可以选择货币单位并确保 $e_0 = 1$。相对均衡工资（w_0/w_0^*）能够由总产品市场的均衡得到，而相对价格（P_A/P_B^*）则可以由零利润的条件得到

$$\frac{w_0}{w_0^*} = \frac{L^*}{L}\frac{\alpha_0^*}{\beta_0}; \quad \frac{P_{A0}}{P_{B0}^*} = \frac{\delta}{\gamma}\frac{w_0}{w_0^*}; \quad \frac{P_{A0}}{P_{N0}} = \frac{\Psi}{\gamma}; \quad \frac{P_{B0}^*}{P_{N0*}^*} = \frac{\phi}{\delta} \tag{4-19}$$

每个部门的就业水平都是一个国家劳动力的一部分，这一份额只取决于偏好。

$$L_{A0} = (\alpha_0 + \beta_0)L; \quad L_{N0} = L - L_{A0}; \quad L_{B0}^* = (\alpha_0^* + \beta_0^*)L^*;$$
$$L_{N0}^* = L^* - L_{B0}^* \tag{4-20}$$

最后，均衡产出水平由方程（4－4）给出。

按照相同的方法可以拓展得到一个多时期模型，假设年底期间工人将获得自己的利润份额和预计的名义工资，这将构成他们下一时期的现金收支。在下一时期开始时，厂商预期经济仍处在充分就业的均衡状态，或者因为暂时性冲击而不存在，因为价格、工资、货币存量（当局操纵的）和汇率将调整到新的水平，使得在没有“新”冲击的条件下确保充分就业。即使冲击消失或下一个时期被调整，如果短期非平衡持续下去，那么成本

也是极高的。本书暂时不讨论跨期优化分析。

（三）交易成本

交易成本代表使用多种货币暗含的所有附加成本和效率损失，再通过劳动力的成本计算，由于萨缪尔森的“冰山成本”假设，导致支付的交易成本就像浪费工作时间。从方程（4－15）和方程（4－18）中，我们可以推断本国对外国产品的花费最初为 $\beta_0 w_0 L$，但由于交易成本的差异，可以推断构成其居民有效的消费数量为 $\beta_0 w_0 L/\tau$。因此，在给定的工资 w_0 和 w_0^* 下，国家 k 面临的交易成本（TC^k）用劳动力的比例表示为

$$TC = \beta v;\ TC^* = \alpha^* v \quad \text{且} \quad v = 1 - \tau^{-1} < 1 \tag{4-21}$$

其中，v 代表在其他国家生产的产品每单位支出的交易成本。

二、冲击和调整

本书主要分析在浮动汇率制度和货币联盟下，失业和通货膨胀在短期内是如何调整的。除非另有规定，变量的改变是相对最初平衡水平的变动，以百分比计算表示。

（一）浮动汇率制

在这种货币制度下，货币存量只会随通货膨胀偏差（μ^k）造成的货币增长而改变。在汇率变动百分比（e）和国家 k 的名义收入下（$\hat{Y}^k$ 以 k 国的货币衡量），商品和货币市场的均衡可以从方程（4－13）和方程（4－14）中推导出

$$\hat{M}^k = \mu^k > 0\ ; \qquad \hat{Y}^k = \mu^k + 2\chi_{\lambda^k}$$

$$\hat{e} = \mu - \mu^* + \chi_\beta - \chi_{\alpha^*} + 2\chi_\lambda - 2\chi_{\lambda^*} \tag{4-22}$$

式中，因为国内生产的贸易品与非贸易品间的偏好转移完全通过国内劳动力部门流动调整。汇率的灵活变动完全抵销外国货币冲击对名义收入以及

贸易品需求的影响。然而，汇率的灵活变动却造成本国超过 μ^k 的通货膨胀率和高失业率，这样实际上是将国外的冲击完全转变为对国内货币的冲击。

（二）货币联盟

当这两个国家形成一个货币联盟，两国采取同样的货币（$e=1$）时，便不存在交易成本（$\tau=1$）。在这两个国家内，工资和价格均以相同的单位计量，M 和 M^* 分别表示本币和外币持有量。商品市场均衡条件下，名义收入的变化（导致通货膨胀率和失业）可以从方程（4－13）推导得到

$$\hat{Y}=\mu^{cu}+\frac{2\alpha_0^*\chi_\lambda+\beta_0(\chi_\alpha^0-\chi_\beta+2\chi_{\lambda^*})}{\alpha_0^*+\beta_0};$$

$$\hat{Y}^*=\mu^{cu}+\frac{2\beta_0\chi_{\lambda^*}+\alpha_0(\chi_\beta-\chi_{\alpha^*}+2\chi_\lambda)}{\alpha_0^*+\beta_0} \qquad (4-23)$$

货币供应量的改变不仅仅因为联盟的通货膨胀偏好 μ^{cu} 或国家之间的货币再分配（ξ_{cu}^k）而改变。从方程（4－13）和方程（4－14）可以得到

$$\hat{M}=\mu^{cu}+\frac{\beta_0(\chi_{\alpha^*}-\chi_\beta+2\chi_{\lambda^*}-2\chi_\lambda)}{\alpha_0^*+\beta_0};$$

$$\hat{M}^*=\mu^{cu}+\frac{\alpha_0(\chi_\beta-\chi_{\alpha^*}+2\chi_\lambda-2\chi_{\lambda^*})}{\alpha_0^*+\beta_0} \qquad (4-24)$$

因此，在非浮动汇率下，在一个货币联盟内贸易品需求冲击（χ_β 和 χ_α）和外国货币冲击（χ_{λ^*} 和 χ_λ 分别表示为本国和外国）影响本国的名义收入，并能导致失业或通货膨胀（超过 μ^{cu}）。但是在浮动汇率制度下，本国货币冲击部分被传导到国外。无论在哪种汇率制度下，对国内生产的产品和非贸易商品的需求冲击都变得不再重要，因为可以通过劳动力在各国的流动对它们进行调整。

接下来，我们将讨论货币联盟中调整实际冲击的两种替代形式，即劳动力的流动和财政联邦制。

（三）一种调整的形式：劳动力流动

这里允许劳动力在国际流动，这样可以对一个货币联盟内产生的需求冲击进行必要的调整。假设最初工资（$w_0 = w_0^*$）在国家间是相等的，并且回顾最初的 $Y_0^k = w_0^k L_0^k$，可以从方程（4－13）和方程（4－14）推导得出劳动力转移会对需求冲击进行充分调整。

$$\mathrm{d}L = \frac{\beta_0 L_0}{\alpha_0^* + \beta_0}(\chi_{\alpha^*} - \chi_\beta) = -\frac{\alpha_0^* L_0^*}{\alpha_0^* + \beta_0}(\chi_\beta - \chi_{\alpha^*}) = -\mathrm{d}L^* \quad (4-25)$$

其中，d 是微分算子。一般情况下，假设有部分劳动力是流动的，贸易冲击中只有部分被调整份额为 q，其中 q 代表劳动力流动的程度（$0 \leqslant q \leqslant 1$）。在这种情况下，式（4－20）演变为

$$\hat{Y} = \mu^{cu} + \frac{2\alpha_0^* \chi_\lambda + 2\beta_0 \chi_{\lambda^*} + \beta_0(1-q)(\chi_{\alpha^*} - \chi_\beta)}{\alpha_0^* + \beta_0};$$

$$\hat{Y}^* = \mu^{cu} + \frac{2\alpha_0^* \chi_\lambda + 2\beta_0 \chi_{\lambda^*} + \alpha_0^*(1-q)(\chi_\beta - \chi_{\alpha^*})}{\alpha_0^* + \beta_0} \quad (4-26)$$

（四）财政联邦制

这里介绍一种消除实际冲击的财政规则。假设在一个货币联盟中，由于税收是按名义收入的一定比例征收的，因此实际冲击引起的名义收入增加（或降低）将导致税收随之增加（或减少）。非对称性冲击导致两个国家收入的变化是规模相等而方向相反的，因此处于经济繁荣国家的税收增加量，恰好等同于处于经济衰退国家的税收减少量，联邦的预算将是平衡的，应用一个特定的税收转移率（t）表示

$$t\mathrm{d}y = -t\mathrm{d}y^* \qquad t = \frac{\varepsilon}{1-\varepsilon}\frac{\alpha_0^* + \beta_0}{1 - \alpha_0^* - \beta_0} \quad (4-27)$$

其中，ε（$0 < \varepsilon < 1$）是由于受税收转移方案所吸收的实际冲击影响，导致的收入变化的比例。根据财政规则，求解方程（4－13）、方程（4－14），结合方程（4－26），可以推导出在劳动力流动性和财政联邦主义调节下，

产品市场和货币市场均衡时的国民收入水平如下：

$$\hat{Y}=\mu^{cu}+\frac{2\alpha_0^*\chi_\lambda+2\beta_0\chi_{\lambda^*}+\beta_0 n(\chi_{\alpha^*}-\chi_\beta)}{\alpha_0^*+\beta_0}\equiv\mu^{cu}+x$$

$$\hat{Y}^*=\mu^{cu}+\frac{2\alpha_0^*\chi_\lambda+2\beta_0\chi_{\lambda^*}+\alpha_0^* n(\chi_{\beta^*}-\chi_{\alpha^*})}{\alpha_0^*+\beta_0}\equiv\mu^{cu}+x^*$$

（4－28）

其中，$n=1-\varepsilon-q$ 且 $0<n<1$ 为实际冲击的一部分，不完全由劳动力流动调节的部分 q 或财政联邦制调节的部分为 ε 。如果劳动力的流动和财政规则能够完全调整需求冲击，那么 $n=0$；如果它们一点都不能调整，则 $n=1$。以前的方程也隐含定义 χ 和 χ^* 作为零均值冲击的线性组合。

（五）在两种汇率制度下的预期通货膨胀和失业

因为工资刚性，名义收入的变动能够引起通货膨胀（超出 μ^k）或失业。回顾 $w_s=w_0$（$1+\mu$）和 $w_s^*=w_0^*$（$1+\mu^*$），能得到以下的结果 μ^{cu}：

$$\hat{Y}^k=\pi^k>\mu^k \text{ 如果 } \hat{Y}^k>\mu^k \tag{4-29}$$

$$\hat{Y}^k-\mu^k=-u^k<0 \text{ 且 } \pi^k=\mu^k\text{，如果 } \hat{Y}^k<\mu^k \tag{4-30}$$

其中，$\pi=\pi_A=\pi_N$ 和 $\pi^*=\pi_{B^*}=\pi_{N^*}$ 为国内和国外的通货膨胀水平，以价格相对初始值的增长百分比测量；变量 $u^k>0$ 表示失业在国家 k 劳动力中的百分比。

如果存在不确定性当局的行为可以预期，就可以推导出预期通货膨胀率和失业率的表达式。通过方程（4－23）和方程（4－29），在浮动汇率下得出

$$E(\pi^k)=\mu^k+\left(\int_{\mu^k}^{\hat{Y}_s^k}(\hat{Y}^k-\mu^k)f(\hat{Y}^k/\hat{Y}^k>\mu^k)\,\mathrm{d}\,\hat{Y}^k\right)P(\hat{Y}^k>\mu^k)\approx$$
$$\mu^k+2C\sigma_{\lambda^k} \tag{4-31}$$

$$E(u^{k}) = -\left(\int_{\hat{Y}_{i}^{k}}^{\mu^{k}} (\hat{Y}^{k} - \mu^{k}) f(\hat{Y}^{k} / \hat{Y}^{k} < \mu^{k}) \mathrm{d}\, \hat{Y}^{k}\right) P(\hat{Y}^{k} < \mu^{k}) \approx 2C\sigma_{\lambda^{k}} \tag{4-32}$$

上面的近似值是舍去了正常的误差。常数 $\hat{Y}_{i}^{k}$ 和 $\hat{Y}_{s}^{k}$ 分别是在浮动汇率下 $\hat{Y}^{k}$ 最小值和最大值的边界，可以从方程（4 - 22）的第二个方程得出 $(\mu^{k} - 2z_{\lambda}{}^{k}, \mu^{k} + 2z_{\lambda}{}^{k})$。符号 $f(\cdot)$ 代表 Y^{k} 的条件概率密度，函数 $P(\cdot)$ 表示括号内所描述的事件概率。常数 C 是正态分布密度函数的值，等于 $1/(2\Pi)^{1/2}$，Π 表示周长与其直径的几何比率。根据方程（4 - 31）和方程（4 - 32），从方程（4 - 28）、方程（4 - 29）、方程（4 - 30）可以推导出一国加入货币联盟时，预期的通货膨胀率和失业率的水平。

$$E(\pi^{k}) \pi \mu^{cu} + C\sigma_{\chi^{k}}; E(u^{k}) \approx C\sigma_{\chi^{k}} \tag{4-33}$$

其中，σ_{χ} 和 $\sigma_{\chi^{*}}$ 分别代表 χ 和 χ^{*} 的标准差，这我们已经在财政联邦制中定义了。预期的通货膨胀率和失业率在两个制度下是不同的。

三、货币联盟的成本—收益分析

这里我们提供一个简单的方法来衡量参与国际货币联盟所得到的净效益。为了评估净效益，根据巴罗—戈登（1983a，1983b）的宏观经济模型，通过通货膨胀率和失业率定义损失函数为

$$H^{k} = E(u^{k} + \theta^{k} \pi^{k} + TC^{k}) \tag{4-34}$$

其中，k 表示该国家；E 为期望；$u^{k} > 0$ 为失业率；π^{k} 为通货膨胀率［以国内生产总值物价平减指数（或者其他价格指数）衡量的通货膨胀率，该指标在蒙代尔（1961）最优货币区的论文中使用过］；θ^{k} 为当局分配的通货膨胀率与失业率的相对权重。由于损失函数作为劳动力的百分比衡量，因此交易成本和失业率具有相同的权重。

成本效益分析通过损失函数进行：①两种汇率制度下冲击的预期调整成

本（通货膨胀率和失业率）之间的差异；②在相同汇率制度下通货膨胀偏好成本之间的差异；③交易成本，即通过采用单一货币消除的损失。方程（4－21）、方程（4－31）、方程（4－32）、方程（4－34）表示本国在浮动汇率下的预期损失为

$$H_{FLEX} = (1+\theta)2C\sigma_{\lambda} + \theta\mu + \beta_0 v \tag{4-35}$$

从方程（4－21）、方程（4－33）、方程（4－34）看，在货币联盟下本国的货币损失为

$$H_{cu} = (1+\theta)C\sigma_{\chi} + \theta\mu^{cu} \tag{4-36}$$

因此，参与货币联盟的净效益为

$$NB = (1+\theta)C(2\sigma_{\lambda} - \sigma_{\chi}) + \theta(\mu - \mu^{cu}) + \beta_0 v \tag{4-37}$$

仅从经济角度考虑，两个国家的净收益是不相同的，所以不可能采取相同的货币政策。如果这两个国家从建立货币联盟中获得正的净收益，那么这两个国家应该建立货币联盟。以下介绍 x 的方差，可以反映参数的影响。

$$\sigma_x{}^2 = (\alpha_0^* + \beta_0)^{-2}\cdot$$

$$\begin{bmatrix} 4\alpha_0^*{}^2\sigma_{\lambda}{}^2 + 4\beta_0{}^2\sigma_{\lambda^*}^2 + \beta_0{}^2 n^2(\sigma_{\alpha^*}^2 + \sigma_{\beta}^2) + \\ 4\alpha_0^*\beta_0(2\sigma_{\lambda\lambda^*} + n\sigma_{\lambda\alpha^*} - n\sigma_{\lambda\beta}) + 2\beta_0{}^2 n(2\sigma_{\lambda^*\alpha^*} - 2\sigma_{\lambda^*\beta} - n\sigma_{\alpha^*\beta}) \end{bmatrix} \tag{4-38}$$

其中，$n = 1 - q - \varepsilon$（$0 < n < 1$）与财政政策规则（q）和劳动力的流动（ε）呈负相关关系。

（一）调整成本的构成

大多数分析认为，货币联盟的净收益来源于消除通货膨胀率和失业率导致的调整成本（NB_{AC}）。

$$NB_{AC} = D(2\sigma_{\lambda} - \sigma_{\chi}) \tag{4-39}$$

其中，$D=(1+\theta)$，C 只随 θ 变化，如果 $2\sigma_{\lambda} > \sigma_{\chi}$ 则 NB_{AC} 是正数。如果在浮动汇率制度下国内名义收入的变化只取决于本币冲击（σ_{λ}），那么全部

影响是由本国承担的。在一个货币联盟内，国内名义收入的变化源于货币冲击和实际冲击（σ_{χ}），其影响是由两国共同承担的。NB_{AC}随当局赋予的通货膨胀率的相对权重（θ）的增长而增长。

1. 货币冲击

如果实际冲击不存在或是充分调整的（$N=0$），则货币冲击的调整成本（$NB_{AC\cdot M}$）如下：

$$NB_{AC\cdot M}=2D[\sigma_{\lambda}-(\alpha_0^*+\beta_0)^{-1}\sqrt{\alpha_0^{*\,2}\sigma_{\lambda}^2+\beta_0^{\,2}\sigma_{\lambda}^2+2\alpha_0^*\beta_0\sigma_{\lambda\lambda^*}}] \tag{4-40}$$

在浮动汇率制度下，每个国家的名义收入都完全受本币冲击影响。在一个货币联盟内，本币冲击和外币冲击仅部分影响国内收入，这取决于该国开放的程度（β）。因此，本币冲击（σ_{λ}）的变化性正向影响了净收益，因为货币联盟的建立降低了σ_{λ}对国内冲击的影响。外币冲击（$\sigma_{\lambda}{}^*$）的变化性降低了净收益，这是由于这些冲击只是在货币联盟内影响本国。然而，货币冲击（$\sigma_{\lambda\lambda^*}$）之间的负相关性将抑制最终效果，因为外币冲击和本币冲击往往会相互抵销。一般情况下，货币冲击相关系数的减少将增加净收益。下面我们用两个例子更深入地探讨这个问题。

（1）如果本币冲击和外币冲击是完全正相关（$\sigma_{M,M^*}=1$）的，$NB_{AC\cdot M}$将变成：

$$NB_{AC\cdot M}=2D\beta_0(\alpha_0^*+\beta_0)^{-1}(\sigma_{\lambda}-\sigma_{\lambda^*}) \tag{4-41}$$

该公式表明，当货币冲击在各国之间是正相关时，具有较高货币不稳定性的国家（本国，如果$\sigma_{\lambda}>\sigma_{\chi}$）将从货币联盟的建立中获得稳定。正如麦金农（1963）指出的，一个国家越开放，获得的就越多。实际上在货币联盟（或固定汇率制度）内，货币冲击会在国家间传导，这对于不稳定的国家是有好处的。国家（β）越开放，传导度就越高。但是，其他经济稳定的国家会遭受货币冲击调整的成本损失，且开放程度越大，损失越大。国家的开放程度扩大了货币冲击导致的调整成本。但是，这一结论并不完全支持麦金农（1963）认为的，开放经济体将通过加入货币区的方式获得货币稳定的理论。方程（4－41）表明，只有在经济体承受比货币区内其他成员国承受得更少的货币稳定性时，麦金农的观点才成立。

（2）如果本币冲击和外币冲击是完全负相关的（$\sigma_{M,M^*}=-1$），且 $\alpha_0^* \sigma_\lambda^- > \beta_0 \sigma_{\lambda^*}$，则：

$$NB_{AC \cdot M} = 2D\beta_0(\alpha_0^* + \beta_0)^{-1(\sigma_\lambda + \sigma_{\lambda^*})} \quad (4-42)$$

当货币冲击是负相关时，两个国家从货币联盟内获得货币稳定性，两个国家开放度越大，获得的货币稳定性就越高。事实上，在这种情况下，不仅本币冲击被传导到国外，而且外币冲击也会抑制本币冲击。

2. 实际冲击

在这个模型中，贸易品的需求冲击只在货币联盟内有效果，因此这样会减少净收益。如果忽略货币冲击的调整成本，那么实际冲击（$NB_{AC \cdot R}$）可以表示如下：

$$NB_{AC \cdot R} = -Dn\beta_0(\alpha_0^* + \beta_0)^{-1}\sqrt{\sigma_{\alpha^*}^2 + \sigma_\beta^2 - 2\rho_{\beta,\alpha^*}} \leqslant 0 \quad (4-43)$$

其中，负号表示随着贸易冲击方差（σ_β，σ_α^*）的增加而增加，伴随着两个需求冲击的相关系数（ρ_{β,α^*}）的减少而减少。相关系数的影响支持通常的说法，即如果国家放弃了以汇率作为调整工具，面临实际非对称性冲击（ρ_{β,α^*} 接近 －1）的国家就会有较高的成本，而面临对称性冲击（ρ_{β,α^*} 接近 1）的国家将有更低的成本。如果实际冲击是完全正相关并有相同的标准差，那么在一个货币联盟内进行调整将不产生任何成本。

贸易冲击的相关性（和放弃汇率的成本）随着国家开放度（β）的增长而增长，并随着由移民和财政工具（$q+\varepsilon=1-n$）提供的调整措施程度的减少而减少。如果调整的程度是充分的（$q+\varepsilon=1$，或等价 $N=0$），那么贸易冲击的成分消失，相同的结果应用于一个封闭经济（$\beta=0$）是没有意义的。

3. 货币和实际冲击之间的相关性

由于货币冲击与国内贸易品（包括 $\rho\lambda\beta$ 和 $\rho\lambda^*\beta$）需求冲击之间的正相关性减少了 χ 的波动性和货币联盟的调整成本，因此增加了本国的净收益。事实上，当国内对进口商品的需求增加时（β 上升），为了消除通货膨胀，本国实行紧缩性政策或者对外国货币需求增加，本国将产生失业。相对地，由于本国的出口需求（α^* 上升）扩张，货币冲击与国外需求冲击（$\rho\lambda\alpha$ 和 $\rho\lambda^*\alpha^*$）之间的负相关关系会增加本国的净收益，这些反向相关性关系也会增加其他国家的净收益，因此在货币和实际冲击之间，不同程度的相关性影响国家之间的收益。

（二）通货膨胀偏好组成

由于政府通货膨胀偏好的存在，净收益（NB_{IB}）的构成计算如下：

$$NB_{IB} = \theta(\mu - \mu^{cu}) \tag{4-44}$$

方程（4－44）的各个变量说明，如果货币联盟选择一个平均的货币供给增长率（通货膨胀偏好），那么这一比率低于浮动汇率制度下本国愿意或能够采取的水平。θ 表示货币当局给通货膨胀差异赋予的权重。这部分实际上对应了名义锚的安排，一个高通货膨胀的国家可以通过钉住低通货膨胀国家的货币来降低其通货膨胀，这种办法对于有高通货膨胀的国家是正确的。通货膨胀的偏好部分虽对低通货膨胀率的国家可以是负或者是零，但表面上看不大可能，因为货币联盟选择的平均货币供应增长率比其所有成员国中最低的增长率还要低。

（三）交易成本

交易成本代表使用多种货币暗含的所有附加成本和效率损失，如果组成货币联盟后不再使用本国货币，那么交易成本将消失。它们构成了一个净效益，这一效益随着该国开放程度的提高和每单位支出的交易成本大小增加。

$$NB_{TC} = \beta_0 v \tag{4-45}$$

（四）开放提高度

由开放程度的提高所带来的净收益不是由唯一因素决定的，而是取决于净收益不同组成部分的相对重要性。首先，货币联盟导致多货币暗含的所有附加成本和相关的效率损失消除，开放程度的提高将增加净收益。其次，开放程度的提高将使贸易冲击的相关性增加，这导致净效益减少。但是，国家间实际冲击的相关性越高这种影响越小，由劳动力流动和财政工具提供的调整就越大。最后，伴随着不确定性冲击，货币冲击的相关性增强。正如前面所讨论的，对于本国来说，如果货币冲击是负相关，或者货币冲击呈正相关且国内货币波动高于国外，那么货币冲击的存在会增加净效益。如果货币冲击呈正相关且国内货币波动低于国外，那么货币冲击的存在会减少净效益。总体而言，开放的影响目前还不明确。

四、评述

现代最优货币区成本—收益理论发展了贸易名义刚性的货币模型，通过模型分析了货币联盟的成本和收益，一个国家期望从参加货币联盟中获得净收益的增长总伴随着：①国家之间实际冲击的相关性，因为作为调整手段的汇率工具作用变小；②财政工具和国际劳动力流动取代汇率政策后的调整程度；③国内政府的通货膨胀偏好与货币联盟的通货膨胀偏好之间的差异；④国内货币冲击的可变性，因为这些冲击的一部分被传导到货币联盟内的其他国家；⑤通过单一货币消除多国货币带来的交易成本。同样地，一些因素也将抵销货币联盟的收益：①实际冲击，因为这些冲击在一个货币联盟中产生了调整成本；②外国货币冲击的变化，因为这部分冲击被传导到货币联盟内的国家（不像浮动汇率制度下的一样）；③国家之间货币冲击的相关性，因为在这种货币冲击下的增长会减少在货币联盟内货币冲击互相抵销的概率。

两国不需要在货币联盟的建立上保持意见一致。如果要求两国有相同的净效益方程（$\sigma_{\lambda}=\sigma_{\lambda^*}$；$\theta=\theta^*$；$\beta=\alpha^*$；$\mu=\mu^*$；$v=v^*$；$\sigma_{\lambda\alpha^*}=\sigma_{\lambda^*\beta}$；$\sigma_{\lambda\beta}=\sigma_{\lambda^*\beta^*}$）时，条件过于严格就导致没有任何收益。当考虑到建立货币联盟及周边国家的汇率制度影响时，最优货币区表明不同国家间的参数可能存在巨大差异。但是随着经济开放程度的提高，货币联盟面临的对称性冲击增强，因此放弃汇率的成本将会下降。总的来说，建立货币联盟的收益仍是增加的。

第三节　中国东盟建立货币联盟成本和收益的实证分析——谐动分析

一、成本和收益的比较分析

上面两节我们分别讨论了加入货币联盟的成本和收益，这里将对加入货币联盟的成本和收益做一些比较。一国加入货币联盟的成本和收益与其经济开放程度密切联系，如图 4 –4 所示。成本曲线与收益曲线相交的点决定了一国与其贸易伙伴国结成货币联盟的经济开放程度的关键水平。该点的左侧，该国仍选择保留本国货币；该点的右侧，该国采用贸易伙伴国的货币替代本国货币，可见境况更好。

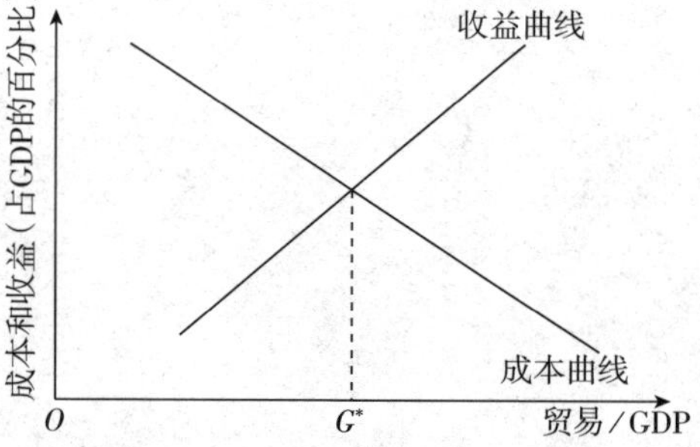

图 4 –4　货币联盟的成本和收益曲线

在图 4 –4 中，各国加入货币联盟的意愿取决于成本和收益的比较，G^* 点是加入货币联盟的均衡点，对汇率政策有效性的看法不同，成本和收益曲线的形状与位置也不相同。

货币主义者的极端观点认为，经济政策从长期看是无效的，运用汇率政策解决各国间的变化差异也是无效的。他们认为，均衡点非常接近原点，如图4－5所示。也就是说，如果一国加入货币联盟的成本与收益曲线的交点接近原点时成本很低，那么一国就可以从放弃本国货币，加入货币联盟中受益。

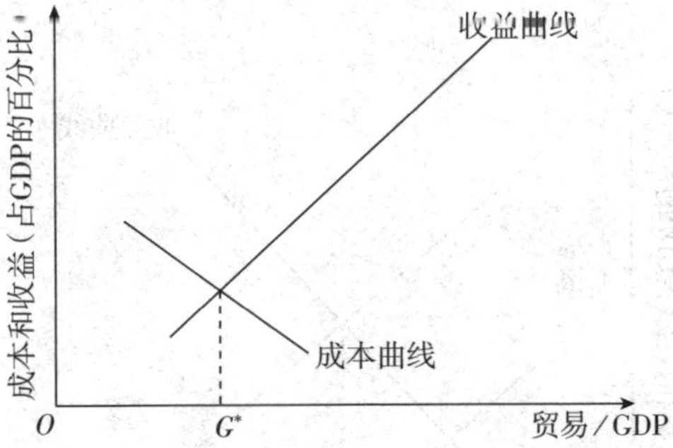

图4－5　货币主义者对加入货币联盟的看法

而凯恩斯主义者认为，在充满刚性的经济世界里（工资、物价存在刚性，劳动力无法自由流动），汇率是解决经济失衡强有力的政策工具。由于均衡点远离原点，因此加入货币联盟的成本是很高的，几乎没有哪个国家会对加入货币联盟感兴趣。各国保持不同的货币区，经济福利反而会提高（见图4－6）。

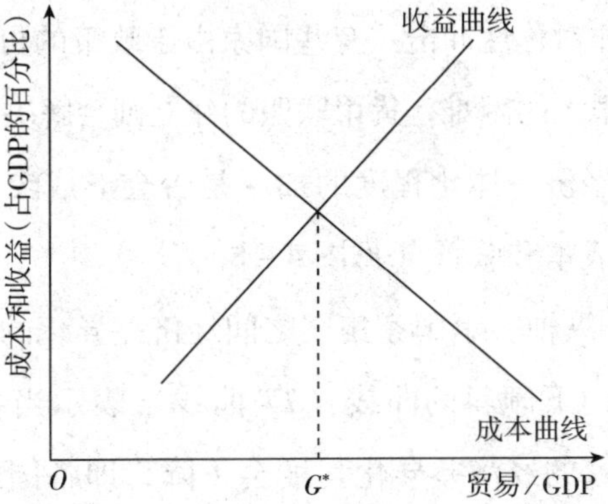

图4－6　凯恩斯主义者对加入货币联盟的看法

由于各成员国的经济开放程度存在显著差异，显然加入货币联盟的成本—收益分析也可能在各国产生不同的结果。开放程度相对较高的国家，成本—收益分析显示其加入货币联盟可以获得净收益；经济开放程度低的国家加入货币联盟后，由于要素的自由流动和受其他因素的影响，其成本也会随之降低，收益远远超过其成本，这些国家加入货币联盟也是有收益的（见图 4－7）。

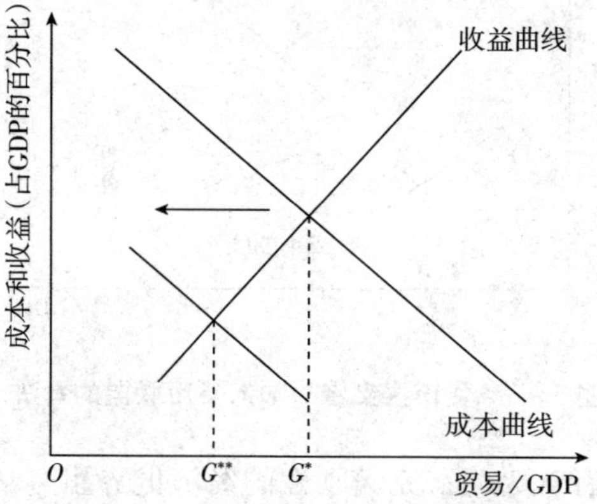

图 4－7　加入货币联盟后的收益（1）

劳动力流动性的提高会使工资、物价的刚性下降，成本曲线向左移动。结果使临界点更接近原点，对于那些取消本国货币的国家来说，会变得更加有利，进而可以使更多的国家成为货币联盟的候选国。此外，各国执行独立的货币政策会形成非对称性冲击。有些国家由于政策的可信度较低，执行低通货膨胀的政策有很大的困难，货币联盟的建立则会解决这些困难。

从长期来看，经济一体化程度的加深是否会形成经济的趋同化，会影响加入货币联盟的成本和收益（见图 4－8）。

在图 4－8 中，纵轴表示国家集团之间经济差异化的程度，横轴表示其贸易一体化程度。向下倾斜的曲线（*TT* 曲线）表示当各国贸易一体化程度加深时，这些国家的经济差异化程度会下降，即各国经济绩效更加相似

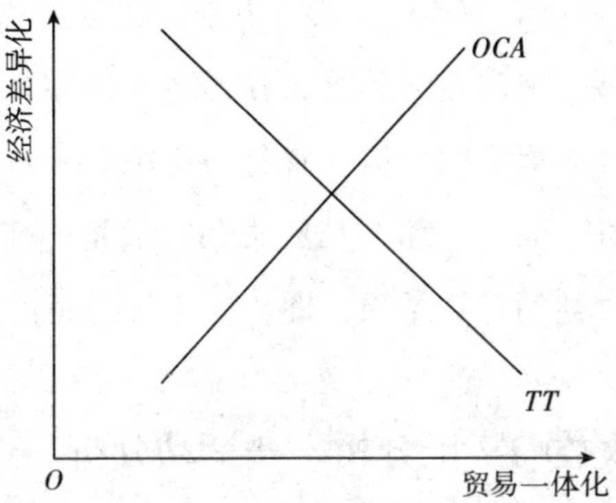

图 4-8　加入货币联盟后的收益（2）

且遭受的非对称性冲击更少；向上倾斜的曲线（*OCA* 曲线）表示加入货币联盟后，成员国成本和收益相同的经济差异化与贸易一体化相交的点的集合。其推导如下：当贸易一体化程度加深时，成员国加入货币联盟的净收益会增加；同时，当经济差异化程度提高时，成员国加入货币联盟的成本也会增加，将它们结合在一起就可以推导出 *OCA* 曲线。经济差异化程度越大，各国加入货币联盟的成本越高；相反，贸易一体化程度越大，越能降低各国加入货币联盟的成本（增加其收益）。结果就成本和收益而言，经济差异化程度提高所引发的成本增加会由于贸易一体化收益的增加而抵销，使加入货币联盟更为合算。*OCA* 曲线上的各点是货币联盟净收益为零的经济差异化与贸易一体化相交的点的集合。*OCA* 曲线右边的点表示加入货币联盟的收益超过成本，称为“*OCA* 区域”。

在图 4-8 中，*A* 国可能还不符合加入最优货币区的标准。然而，随着贸易一体化的推进，该点会沿着 *TT* 曲线向下移动，必将进入 *OCA* 区域。如果在联盟内一体化进程被不断推进，那么根据这一观点，随着时间的变化，货币联盟会对加入国更加有利。这样，单个国家加入货币联盟即使不满足最优货币区标准，也会随着加入行为的深入而变得对己更有利。在这种情况下，单个国家的这一决定会加速与其他成员国的经济融合，因此所有国家会以更快的速度向“*OCA* 区域”迈进。从这个意义上讲，判别是否是最优货币区还有另一项内生的标准，就是各国决定加入货币联盟的主观愿望。当各国决定加入货币联盟时，该标准会变得更加有利。换言之，如果一个国家不加入货币联盟，那么其成本和收益是不变的；而加入货币联盟就会改变成本和收益的计算结果，即相对于收益而言，成本会下降。

二、成本和收益的实证分析——谐动分析

正如蒙代尔（1961）指出的，加入货币联盟的主要成本是丧失了货币政策的独立性，汇率将不再成为调节一个国家宏观经济的重要工具，那么成立货币联盟将给这些国家带来损失，这是加入货币联盟的主要成本。但如果联盟成员国的经济周期趋同，联盟共同货币政策与单个国家货币政策的效果一致，则上述成本将大大降低。因此，判定加入货币联盟的成本和收益时，关键是衡量货币联盟加入国所受经济冲击的不对称性。两个国家的经济谐动水平越高，遭受非对称性冲击的可能性越小，加入货币联盟的成本就越少，收益就越大。

在分析是否加入货币联盟和钉住某国的货币锚时，单一货币的潜在使用国需要考虑因丧失货币政策的独立性所带来的成本，而该成本的大小取决于该国与货币锚国家的经济谐动程度。

首先，两国之间的经济周期变动越相近，或者两国经济产出的谐动程度越大，成本就越小。原因是这种谐动程度越大，货币锚国家为自己量身定做的货币政策对该国产生的效用就会越高。从这个意义来讲，如果一组国家拥有相似的生产结构，或者对国际经济冲击有类似的反应，那么建立货币联盟对这些国家更有吸引力。例如，在美国工作的萨尔瓦多人寄回国内的大量侨汇将使两国的收入和产出出现高度一致的经济谐动。同样，由于拥有相似的产品结构，经济合作与发展组织（OECD）成员国在产出方面表现出较高的谐动水平。

其次，经济谐动涉及各国之间的相对价格变化。对于没有参加货币联盟的国家来说，可以用真实汇率衡量其相对价格水平，即用名义汇率除以两国间的价格比率。真实汇率实际上反映的是一国“一篮子贸易品”相对其他国家的“一篮子贸易品”所表现出的相对成本。

关键在于，货币锚国家的价格稳定可以影响其货币使用国的价格稳定，但只有在两国相对价格没有显著变动时，才会产生此传递作用。如果美联储执行零通货膨胀的货币政策，那么巴拿马（该国使用美元作为本国货币）的通货膨胀率不一定为零，而是随着两国之间的相对价格变化而变化，有可能消除国家之间相对价格差异的因素，包括生产结构的相似性、较低的国际商品和服务贸易交易成本，以及较高的生产要素流动性等。

下面我们将对两个国家间的经济谐动模式进行讨论，但需要事先说明的是，这些变量反映的是由于历史原因产生的当前货币制度。而货币制度的改变，如实施货币联盟可能对经济谐动产生影响。正如本书将在下文讨论的一些初步的经验证据显示，货币同盟的存在大大提高了价格水平的谐动关系。但是有关产出谐动的证据却没有这么明确，其中一个解释是，建立货币同盟为成员国提供了参与国际贸易的机会，并促进这些国家之间的经济活动出现专业分工。因此，生产专业化产品的国家之间经济产出谐动程度将降低。

（一）谐动的模型

对于每对国家（i，j），我们都会计算其双边相对价格 P_{it}/P_{jt}，这一比率用以衡量国家 i 每单位产出与国家 j 每单位产出的相对价值。每年我们都有两个国家的配对数值。根据计算得出每年的配对数时间序列，进行下面的二阶自回归方程。

$$\log(P_{it}/P_{jt}) = b_0 + b_1\log(P_{i,t-1}/P_{j,t-1}) + b_2\log(P_{i,t-2}/P_{j,t-2}) + \varepsilon_{tij} \tag{4-46}$$

残值估计量 $\hat{\varepsilon}_{tij}$ 反映的是前两项数值无法估计的相对价格，它的平方根 VP_{ij} 用以衡量价格水平谐动程度。变量 VP_{ij} 越小，国家 i 和国家 j 之间的价格水平谐动程度越高。VP_{ij} 的计算公式如下：

$$VP_{ij} = \sqrt{\frac{1}{T-3}\sum_{t=1}^{T}\hat{\varepsilon}_{tij}^{2}} \tag{4-47}$$

产出水平的谐动按照类似原理进行计算，其二阶自回归方程数据取相对人均 GDP 的年时间序列。

$$\log(Y_{it}/Y_{jt}) = c_0 + c_1\log(Y_{i,t-1}/Y_{j,t-1}) + c_2\log(Y_{i,t-2}/Y_{j,t-2}) + u_{tij} \tag{4-48}$$

残值估计量 $\hat{u}_{tij}$ 反映的是前两项数值无法估计的相对产出，它的平方根 VY_{ij} 用以衡量价格水平谐动程度。变量 VY_{ij} 越小，国家 i 和国家 j 之间的产出水平谐动程度越高。VY_{ij} 的计算公式如下：

$$VY_{ij} = \sqrt{\frac{1}{T-3}\sum_{t=1}^{T}\hat{u}_{tij}^{2}} \tag{4-49}$$

计算产出谐动程度时主要用到相对产出的方差，而不是产出的相关程度。相对产出的方差与产出的相关程度成反比，与单个国家产出的方差成正比。例如，如果某小国的产出波动虽与美国高度相关，但该国产出的方差远大于美国，那么根据上述方法计算的 VY_{ij} 数值会比较大，说明两国之间的产出谐动程度较低，与美国建立货币联盟不太适合。尽管两国产出的相关性较强，但从基本理论的角度看，这一结论是正确的。

（二）通货膨胀和产出水平谐动的实证分析

我们通过 1990—2008 年中国、东盟国家和美国的通货膨胀水平和人均 GDP 的数值（见表 4-2、表 4-3），分别计算通货膨胀水平的均值和标准差，以及平均通货膨胀率分别见表 4-4、表 4-5、表 4-6。

表 4-2　1990—2008 年中国、东盟国家和美国的通货膨胀水平（%）
（平均消费者价格年增长率）

年份	国家					
	中国	文莱	柬埔寨	老挝	印度尼西亚	缅甸
1990	3.100	2.133	141.800	-26.317	7.843	21.906
1991	3.400	1.583	191.000	13.439	9.369	29.125
1992	6.400	1.259	75.000	9.847	7.506	22.293
1993	14.700	4.288	114.319	5.650	9.688	33.570
1994	24.100	2.448	10.440	7.670	8.518	22.439
1995	17.100	5.972	10.077	19.075	9.432	28.918
1996	8.300	1.965	7.147	19.147	6.996	20.020
1997	2.800	1.705	7.961	19.544	6.194	33.900
1998	-0.800	-0.424	14.781	90.141	58.020	49.136
1999	-1.400	-0.008	4.032	128.409	20.750	10.899
2000	0.400	1.174	-0.791	23.249	3.773	-1.723
2001	0.725	0.603	-0.118	7.813	11.502	34.503
2002	-0.767	-2.288	0.098	10.645	11.798	58.104
2003	1.167	0.300	1.027	15.476	6.773	24.948
2004	3.900	0.897	3.925	10.456	6.062	3.757
2005	1.817	1.087	6.349	7.169	10.459	10.741
2006	1.467	0.154	6.143	6.801	13.104	26.328
2007	4.767	0.966	7.668	4.524	6.034	32.927
2008	5.900	2.085	24.997	7.628	9.777	22.500
年份	国家					
	菲律宾	马来西亚	新加坡	泰国	越南	美国
1990	13.201	3.043	3.450	-9.429	36.031	5.419
1991	18.492	4.328	3.419	5.710	81.817	4.216
1992	8.947	4.778	2.265	4.139	37.705	3.042
1993	7.609	3.547	2.290	3.312	8.379	2.970
1994	9.035	3.687	3.095	5.048	9.483	2.596
1995	8.080	3.468	1.725	5.818	16.926	2.805
1996	9.074	3.479	1.379	5.805	5.593	2.937
1997	5.848	2.655	2.023	5.626	3.095	2.338

续表

年份	国家					
	菲律宾	马来西亚	新加坡	泰国	越南	美国
1998	9.703	5.293	-0.271	7.995	8.110	1.547
1999	6.391	2.731	0.024	0.285	4.108	2.193
2000	3.968	1.551	1.348	1.592	-1.768	3.367
2001	6.834	1.427	1.014	1.627	-0.310	2.817
2002	2.969	1.793	-0.390	0.697	4.079	1.596
2003	3.450	1.074	0.487	1.804	3.303	2.298
2004	5.976	1.420	1.671	2.759	7.895	2.668
2005	7.626	3.049	0.473	4.540	8.394	3.366
2006	6.244	3.609	0.973	4.637	7.503	3.222
2007	2.810	2.027	2.096	2.242	8.349	2.867
2008	9.299	5.400	6.612	5.468	23.115	3.817

资料来源：国务院发展研究中心信息网：World Bank 数据库，ADB 数据，http://172.16.9.80：81/DRCNet.OLAP.BI/web/ChannelPage.aspx？channel = sjjjsjk。

表 4-3 1990—2008 年中国、东盟国家和美国的人均 GDP（当年价）

单位：美元

年份	国家					
	中国	文莱	柬埔寨	老挝	印度尼西亚	缅甸
1990	341.352	13893.000	105.969	217.471	699.115	68.362
1991	353.268	14209.030	229.765	249.274	769.764	57.217
1992	416.675	15661.910	270.253	278.153	821.576	63.409
1993	517.413	15011.810	260.758	305.001	923.155	72.776
1994	466.604	14571.190	247.709	345.215	1016.904	93.787
1995	601.007	16477.910	297.269	390.849	1143.716	122.631
1996	699.478	17369.970	294.901	396.659	1264.351	108.742
1997	770.589	17224.530	281.025	365.088	1184.029	100.349
1998	817.147	13085.450	253.073	251.031	516.014	134.125
1999	861.212	14514.130	281.177	268.630	745.792	172.742
2000	945.597	18476.850	288.125	303.473	806.898	177.640
2001	1038.036	16829.990	309.104	303.920	772.661	129.194

续表

年份	国家					
	中国	文莱	柬埔寨	老挝	印度尼西亚	缅甸
2002	1131.802	16976.660	326.882	314.027	928.142	129.914
2003	1269.829	18756.850	349.467	355.744	1099.665	196.639
2004	1486.019	21885.400	393.476	410.943	1187.742	194.611
2005	1726.054	25753.320	454.589	463.545	1300.222	216.404
2006	2063.871	29948.840	526.363	595.687	1635.715	256.660
2007	2644.563	31404.130	626.651	693.641	1915.566	350.142
2008	3403.526	36223.350	805.078	856.177	2237.027	533.453
年份	国家					
	菲律宾	马来西亚	新加坡	泰国	越南	美国
1990	718.114	2431.973	12387.320	1521.049	98.032	23197.700
1991	719.384	2713.628	13986.070	1688.655	113.654	23647.570
1992	822.695	3200.320	15687.800	1893.546	144.149	24699.630
1993	825.012	3470.937	17687.370	2087.825	189.261	25629.130
1994	949.209	3759.346	20778.800	2441.946	229.847	26906.530
1995	1104.985	4358.450	23718.150	2825.723	288.874	27826.600
1996	1206.136	4836.117	25073.750	3026.600	337.524	29076.550
1997	1170.318	4693.254	25284.210	2481.105	361.908	30541.330
1998	910.436	3303.272	21475.010	1819.857	360.925	31857.840
1999	1018.882	3537.532	21073.010	1988.751	374.722	33501.680
2000	986.557	4029.677	22790.800	1983.318	401.567	35251.930
2001	906.419	3863.932	21001.230	1854.252	413.342	36064.520
2002	957.574	4078.330	22027.880	2020.337	440.209	36949.990
2003	972.591	4352.384	23029.400	2261.265	489.034	38324.380
2004	1040.347	4815.624	26418.800	2603.362	554.070	40450.620
2005	1159.134	5212.940	28497.520	2825.333	636.911	42680.640
2006	1351.391	5853.184	31672.400	3296.088	724.049	44822.960
2007	1624.129	6878.708	36642.860	3917.891	835.090	46577.190
2008	1841.731	8070.736	37970.950	4300.031	1047.867	47155.320

资料来源：国务院发展研究中心信息网：World Bank 数据库，ADB 数据，http://172.16.9.80：81/DRCNet.OLAP.BI/web/ChannelPage.aspx？channel=sjjjsjk。

表4-4　1990—2008年中国、东盟国家和美国的平均通货膨胀率（%）

国家	平均通货膨胀率
柬埔寨	32.9397
缅甸	25.4890
老挝	20.0193
越南	14.3056
印度尼西亚	11.7683
菲律宾	7.6608
中国	5.1093
泰国	3.1408
马来西亚	3.0715
美国	2.9516
新加坡	1.7728
文莱	1.3631

表4-5　1990—2008年中国、东盟国家和美国的平均通货膨胀率的波动（%）

国家	平均通货膨胀率的标准差
中国	6.55
文莱	1.70
柬埔寨	54.29
老挝	7.52
印度尼西亚	11.46
缅甸	13.83
菲律宾	3.61
马来西亚	1.27
新加坡	1.59
泰国	3.59
越南	19.08
美国	0.87

从表4-4可以看出，平均通货膨胀率较高的5个国家分别为柬埔寨、缅甸、老挝、越南和印度尼西亚，其通货膨胀率均超过10%；而柬埔寨、缅甸和老挝则超过20%，为高通货膨胀。菲律宾和中国的通货膨

胀率均超过5%；泰国、马来西亚、美国、新加坡和文莱的通货膨胀率均低于5%。

由表4-5可以看出，由于平均通货膨胀率与通货膨胀波动率呈正相关关系，因此表4-4中通货膨胀率较高的5个国家其通货膨胀波动率也较高，其他东盟国家的通货膨胀水平则相对稳定；有些国家只在少数年份出现了两位数的高通货膨胀。但是从中国和东盟国家的通货膨胀波动情况看，所有国家的水平均高于美国，说明整个地区的通货膨胀不是太稳定。

表4-6　1990—2008年中国、东盟国家和美国的人均GDP平均值

单位：美元

国家	人均GDP平均值
美国	33955.9000
新加坡	23537.0200
文莱	19382.8600
马来西亚	4392.6500
泰国	2465.1020
中国	1134.4230
印度尼西亚	1103.5820
菲律宾	1067.6340
越南	423.2124
老挝	387.6067
柬埔寨	347.4544
缅甸	167.3051

由表4-6可以看出，人均GDP最高的是美国，东盟国家中人均GDP最高的是新加坡和文莱，均在1.9万美元以上，马来西亚、泰国、中国、印度尼西亚和菲律宾的人均GDP在1000~5000美元，人均GDP较少的是越南、老挝、柬埔寨和缅甸，均低于500美元。

计算谐动水平时，考虑到数据的连续性和完整性，我们使用1990—2008年的数据计算。表4-7中反映的是中国和东盟国家与美国的价格谐动水平数据，该数据越大说明谐动水平越低。新加坡作为亚洲和国际的金融中心，其货币与美元可以自由兑换，数值最低，说明与美国存在相当高的价格谐动水平。此外，通货膨胀水平越低、经济开放程度越高的国家，如中国、文莱和马来西亚与美国分别保持较高的价格谐动水平。

表 4-7　1990—2008 年中国、东盟国家与美国的价格谐动水平

国家	谐动值（*VP*）
中国	0.3558
文莱	0.3488
柬埔寨	0.3752
老挝	0.3846
印度尼西亚	0.4016
缅甸	0.3403
菲律宾	0.5408
马来西亚	0.3317
新加坡	0.2780
泰国	0.4177
越南	0.3752

表 4-8 反映的是中国和东盟国家分别与美国产出（人均实际 GDP）的谐动数据。该情况大致与价格谐动类似，除了新加坡、中国和越南与美国保持了较高的产出谐动水平外，其余国家除印度尼西亚和缅甸以外产出谐动水平比较接近。这一模式反映了两种因素，即这些国家间高度密切的贸易关系或经济和产业结构的相似性。

表 4-8　1990—2008 年中国、东盟国家与美国的产出谐动水平

国家	谐动值（*VY*）
中国	0.0380
文莱	0.0498
柬埔寨	0.0418
老挝	0.0526
印度尼西亚	0.1006
缅甸	0.0851

续表

国家	谐动值（*VY*）
菲律宾	0.0430
马来西亚	0.0459
新加坡	0.0275
泰国	0.0444
越南	0.0239

（三）结论

前面我们对中国和东盟国家建立货币联盟的成本和收益进行了计量分析，即各国对美国的产出和价格谐动。接下来，我们将中国和东盟各国的通货膨胀水平、平均通货膨胀率、平均通货膨胀率的波动，分别与美国的价格谐动水平、美国的产出谐动水平结合分析：中国和东盟国家需要建立什么样的货币联盟才能获得最大的收益（见表4-9）。

表4-9 中国和东盟各国的通货膨胀、价格和产出谐动水平

国家	平均通货膨胀率/%	平均通货膨胀率的标准差	价格谐动值（*VP*）	产出谐动值（*VY*）
中国	5.1093	6.55	0.3558	0.0380
文莱	1.3631	1.70	0.3488	0.0498
柬埔寨	32.9397	54.29	0.3752	0.0418
老挝	20.0193	7.52	0.3846	0.0526
印度尼西亚	11.7683	11.46	0.4016	0.1006
缅甸	25.4890	13.83	0.3403	0.0851
菲律宾	7.6608	3.61	0.5408	0.0430
马来西亚	3.0715	1.27	0.3317	0.0459
新加坡	1.7728	1.59	0.2780	0.0275
泰国	3.1408	3.59	0.4177	0.0444
越南	14.3056	19.08	0.3752	0.0239
美国	2.9516	0.87	—	—

一般情况下，如果一个国家存在以下情况，那么应该钉住一个货币值

稳定的国家的货币，或者与其建立某种形式的货币联盟。这些情况是其自身无法做到低通货膨胀（这些国家都有不稳定的高通货膨胀的经历）、与货币锚国家有（潜在）紧密的经贸关系、与货币锚国家存在高度价格和产出谐动关系。这里暗含的一个假设：加入货币联盟前存在（即仍保有货币自主性时）的贸易和经济谐动特征，在某种相对意义上至少在加入货币联盟后仍然存在。

1990—2008 年，东盟 10 国中的柬埔寨、老挝、印度尼西亚、缅甸、越南 5 国的平均通货膨胀率均超过 10%（见表 4 -9）。由于缺乏控制通货膨胀的能力，这些国家有可能非常需要外部的名义货币锚。表 4 -9 的数据中列出了三种标准（即通货膨胀波动、价格和产出谐动水平），在每种标准下，可以分别挑选出中国和东盟各国建立货币联盟应钉住的锚货币（见表 4 -10、表 4 -11），这里我们考虑按先后顺序选择两种货币作为钉住的锚货币。

表 4 -10　中国和东盟国家首选应钉住的国家

国家	平均通货膨胀率	价格谐动值（*VP*）	产出谐动值（*VY*）
中国	文莱	新加坡	新加坡
文莱	文莱	新加坡	新加坡
柬埔寨	文莱	新加坡	新加坡
老挝	文莱	新加坡	新加坡
印度尼西亚	文莱	新加坡	新加坡
缅甸	文莱	新加坡	新加坡
菲律宾	文莱	新加坡	新加坡
马来西亚	文莱	新加坡	新加坡
新加坡	文莱	新加坡	新加坡
泰国	文莱	新加坡	新加坡
越南	文莱	新加坡	新加坡

表 4 – 11　中国和东盟国家次选应钉住的国家

国家	平均通货膨胀率	价格谐动值（*VP*）	产出谐动值（*VY*）
中国	新加坡	中国	中国
文莱	新加坡	中国	中国
柬埔寨	新加坡	中国	中国
老挝	新加坡	中国	中国
印度尼西亚	新加坡	中国	中国
缅甸	新加坡	中国	中国
菲律宾	新加坡	中国	中国
马来西亚	新加坡	中国	中国
新加坡	新加坡	中国	中国
泰国	新加坡	中国	中国
越南	新加坡	中国	中国

不仅高通货膨胀国家钉住一个低通货膨胀国家，将其货币作为货币锚，而且如果一国与一个潜在货币锚国家保持着广泛的贸易关系，即使其通货膨胀水平不高，使用该货币锚也会有益处。产出谐动显示了一个有趣的观测结果，如果以此为标准，那么越南是最优的选择，事实上对于像越南这样高通货膨胀的国家来说，越南盾不是一个适宜的货币锚。根据这三个标准来看，中国和东盟各国中通货膨胀水平除少数国家普遍高于美国外，其余国家都比较接近。因此，这样一个地区建立货币联盟的成本比较小，而且在建立货币联盟过程中，中国和东盟国家货币钉住的应该首选新加坡，中国次之。

第五章

中国和东盟地区的OCA指数及分析

影响建立货币联盟的因素有很多，前面章节只是从某个方面分析建立货币联盟应达到的标准，而没有将各个因素综合起来，从总体上分析一个地区是否应建立货币联盟，或者一个国家是否应该加入货币联盟。OCA指数可以综合分析各个因素的影响，通过模型将它们结合起来，为建立货币联盟提供一个总标准。

第一节　OCA 指数模型

欧盟国家建立的共同大市场和欧元区，为中国—东盟自由贸易区进一步加强合作提供了经验，促使中国和东盟各国考虑经济一体化，同时探讨建立单一货币的可能性。推动货币一体化、建立货币联盟被认为是经济一体化的最优选择，货币联盟可以促进自由贸易区的经济合作进一步透明化。然而，货币一体化不是一件容易的事。各国经济结构、现行贸易战略和金融自由化程度等都制约着中国和东盟建立货币联盟的进程，最终导致各成员国经济结构和金融体系的巨大差异。而且，各成员国之间汇率制度的不同是制约货币联盟建立的另一个重要因素。

要实现货币一体化、建立货币联盟，就必须先达到最优货币区的标准。从经济合作层次考察，建立最优货币区是经济和货币合作的最高层次。蒙代尔（1961）将最优货币区定义为一个地理区域，这个区域会遭受供给和需求的对称性冲击，且需要满足如下标准。①区域内要素的高度流动性，低水平的外部要素流动性。②稳定的工资和价格水平。③从某种意义上说，普通劳动力流动受到国家和民族因素的限制，如语言、法律、文化和福利。

丁伯根（1963）认为，经济一体化是这样一种国际经济关系，即消除一切贸易壁垒，通过实施多种多样的合作与统一实现自由贸易。克鲁格曼和奥伯斯菲尔德（2007）把最优货币区定义为这样的区域，一些国家在确定的区域内存在高度的经济合作，这个区域的货物和服务贸易是完全自由的，生产要素的流动也是自由的。一体化可以被看作一种扩展市场、刺激经济增长，从而增进国民福利的手段。

这里我们将采用汇率变化模型分析中国和东盟国家是否适合建立货币联盟，即通过分析经济规模、贸易开放度、金融发展程度、通货膨胀的差异性等因素的变动对汇率波动的影响，得出建立货币联盟对各国的影响。在计算出最优货币区指数后，将采用聚类分析探索国家间汇率波动的相似性。

通过普通最小二乘法可以分析得出上面几个因素对汇率波动的影响，并计算出 OCA 指数。所有国家的汇率波动都是通过钉住美元汇率估计的。OCA 指数越小，汇率波动越小，一个国家的货币就越稳定。若一个国家有最小的货币指数，则表明与其他国家相比其货币是最稳定的。

汇率波动模型最初是由韦伯尔（Vaubel，1977）发展形成的，他使用此模型评估欧洲共同体 9 个国家的 OCA 指数。汇率波动是通过两个国家间的汇率通货膨胀偏差标准测量的。此外，OCA 指数提供一种衡量货币联盟收益和成本的指标。一个较小的 OCA 指数表明，建立货币联盟的成本虽小但收益大；反之亦然。因为有高对称性冲击和贸易联系的国家倾向于稳定的汇率波动性，更容易运行一种单独的货币。

使用方程（5－1）可以分析经济规模、贸易开放度、金融发展程度、通货膨胀的差异性对汇率波动的影响。

$$E_{ij} = \alpha_0 + \alpha_1 S_{ij} + \alpha_2 I_{ij} + \alpha_3 F_{ij} + \alpha_4 O_{ij} + \varepsilon \qquad (5-1)$$

其中，$E_{ij} = \lg e_{ij}$（e 是汇率）表示 OCA 指数，是国家 i 和国家 j 之间的汇率波动性；$S_{ij} = y_{it} - y_{jt}$（y 是经济增长率）表示一个国家经济规模大小的差异；$I_{ij} = \pi_{it} - \pi_{jt}$（$\pi$ 是通货膨胀率）表示通货膨胀的差异；$F_{ij} = \lg(\frac{M2_{it}}{GDP_{it}}) - \lg(\frac{M2_{jt}}{GDP_{jt}})$（$\frac{M2}{GDP}$ 表示货币供应量占 GDP 的比例）为金融发展水平的差异；

$O_{ij} = \lg(\frac{T_{it}}{GDP_{it}}) - \lg(\frac{T_{jt}}{GDP_{jt}})$（$\frac{T}{GDP}$表示贸易额占 GDP 的比例）为贸易开放度的差异；ε 为估计误差；j 表示钉住 j 国。方程（5－1）反映 i 国对 j 国经济增长、通货膨胀、金融化程度，以及经济开放度的差异波动对 i 国汇率波动的影响。

表5-2 1990—2008年中国和东盟各国及美国国内生产总值（不变价）的年增长率（%）

年份	中国	文莱	柬埔寨	老挝	印度尼西亚	缅甸
1990	3.795	1.085	1.118	6.686	7.241	2.818
1991	9.210	3.148	7.592	3.999	6.950	-0.651
1992	14.195	4.759	7.069	6.999	6.460	9.661
1993	14.003	0.301	4.042	5.867	6.816	5.924
1994	13.099	3.149	8.181	8.160	7.540	6.808
1995	10.900	4.477	6.443	7.045	8.220	7.200
1996	10.000	2.881	5.412	6.892	7.818	6.443
1997	9.300	-1.475	5.620	6.907	4.700	5.744
1998	7.801	-0.560	5.009	4.380	-13.127	5.773
1999	7.599	3.053	11.910	4.135	0.791	10.945
2000	8.400	2.853	8.767	6.324	5.350	13.746
2001	8.300	2.745	8.148	4.623	3.643	11.344
2002	9.100	3.872	6.579	6.865	4.499	12.026
2003	10.000	2.903	8.506	6.210	4.780	13.844
2004	10.100	0.504	10.341	7.021	5.031	13.565
2005	11.300	0.388	13.250	6.767	5.693	13.569
2006	12.700	4.398	10.771	8.645	5.501	13.076
2007	14.200	0.155	10.213	7.843	6.345	11.991
2008	9.600	-1.939	6.692	7.785	6.014	3.599
年份	菲律宾	马来西亚	新加坡	泰国	越南	美国
1990	3.037	9.007	10.107	11.623	5.047	1.877
1991	-0.578	9.547	6.485	8.112	5.809	-0.234
1992	0.338	8.886	7.031	8.083	8.700	3.393
1993	2.116	9.896	11.479	8.251	8.078	2.852
1994	4.388	9.211	10.575	8.987	8.834	4.074
1995	4.679	9.830	7.278	9.237	9.540	2.515
1996	5.846	10.002	7.740	5.901	9.340	3.741
1997	5.185	7.323	8.554	-1.371	8.152	4.457
1998	-0.577	-7.359	-2.108	-10.510	5.765	4.355
1999	3.396	6.138	6.213	4.448	4.774	4.826

续表

年份	菲律宾	马来西亚	新加坡	泰国	越南	美国
2000	5.968	8.680	9.074	4.750	6.787	4.139
2001	1.756	0.518	-1.220	2.167	6.895	1.080
2002	4.449	5.391	4.239	5.318	7.080	1.814
2003	4.930	5.789	4.599	7.140	7.341	2.490
2004	6.380	6.783	9.236	6.344	7.789	3.573
2005	4.952	5.332	7.383	4.605	8.442	3.054
2006	5.341	5.849	8.703	5.093	8.229	2.673
2007	7.089	6.480	8.775	5.044	8.456	1.947
2008	3.692	4.708	1.487	2.484	6.311	0

资料来源：国务院发展研究中心信息网：World Bank 数据库，ADB 数据，http://172.16.9.80：81/DRCNet.OLAP.BI/web/ChannelPage.aspx?channel=sjjjsjk。

表5-3　1990—2008年中国和东盟各国及美国的商品贸易占GDP比例（%）

年份	中国	柬埔寨	文莱	印度尼西亚	老挝	马来西亚
1990	32.34	17.75	91.29	41.52	30.50	133.36
1991	35.76	28.04	105.09	42.92	25.97	144.50
1992	39.16	35.75	92.82	44.03	35.73	136.31
1993	44.43	29.80	97.16	41.23	50.69	138.70
1994	42.31	44.21	99.43	40.72	56.04	159.03
1995	38.58	63.04	94.91	42.57	51.03	170.66
1996	33.86	48.68	97.25	40.79	54.06	155.42
1997	34.13	48.81	89.85	49.87	60.96	157.50
1998	31.78	57.04	89.11	89.74	72.10	182.37
1999	33.29	75.37	85.24	60.40	57.48	188.79
2000	39.57	88.85	83.48	66.05	49.85	192.12
2001	38.47	89.82	85.68	59.14	46.92	174.46
2002	42.70	101.03	89.98	49.83	40.85	172.47
2003	51.86	99.06	87.66	45.28	37.12	170.60
2004	59.77	108.73	82.30	48.92	42.91	185.81
2005	63.59	108.74	81.21	56.85	51.97	185.28

第三节　中国和东盟地区的 OCA 指数分析

为了确认和检查结果的稳定性，我们采用聚类分析对 OCA 指数进行分类，从而将各国区分为不同的类别。聚类分析是一种依据研究对象的特征，对其进行分类的多元统计分析方法，是对数据的一种降维处理方法。它是基于一些变量的组合将一系列目标或观察值分成两类或更多的单独组别或集群。这样做的目的虽然是利用同一类别具有同质性来构造组别或集群，但是在不同集群中的目标又有相对的差异。

分类标准是通过目标间距离的相似性执行的，考虑到两点（x_1，y_1）和（x_2，y_2），概括的距离可以用以下公式描述。

$$d = [|x_1 - x_2|^m + |y_1 - y_2|^m]^{\frac{1}{m}} \tag{5-3}$$

其中，我们在此项研究中使用的 $m=2$，称作欧氏距离。对于在二维目标间的一个距离 $x = (x_1, x_2, \cdots, x_n)^T$ 和 $y = (= y_1, y_2, \cdots, y_n)^T$，我们定义的欧氏距离如下：

$$d(2) = [\sum_{\alpha=1}^{p} (x_{i\alpha} - y_{j\alpha})^2]^{\frac{1}{2}} \tag{5-4}$$

总之，聚类分析方法分为层次聚类分析方法和非层次聚类分析方法。此处我们采用层次聚类分析方法进行逐步分类，聚类过程由一些目标合并组成。

从这个意义上讲，聚类分析方法被用作测量中国和东盟国家汇率波动的相似性，以评估区域内通货统一进程和可能性。

表 5 – 5 呈现了中国和东盟各国的 OCA 指数。此处我们把美元作为钉住锚货币，因此汇率都是相对于美元的。与产出谐动的结果类似，越南的 OCA 指数最低为 1.4144，其次是柬埔寨为 1.4239。像越南、柬埔寨这样高通货膨胀的国家虽不适合作为货币锚，但是因为价格水平不稳定，他们更适合加入货币联盟，从而得到价格稳定的收益。除此之外，新加坡的 OCA 指数为 1.5192；中国、文莱、印度尼西亚、老挝的 OCA 指数比较稳定，均在 1.6000 以下；马来西亚、缅甸、菲律宾、泰国的 OCA 指数均高于 1.6000。OCA 指数表明，综合各种因素考虑建立货币联盟选择的锚货币国家是新加坡和中国。

利用聚类分析对中国和东盟各国的 OCA 指数进行分类，聚类结果如图 5 – 1 所示。聚类分析将中国和东盟国家分为四类：新加坡、老挝、印度尼西亚一类；中国、泰国、文莱、菲律宾、缅甸一类；越南、柬埔寨一类；马来西亚单独一类，因为马来西亚的 OCA 指数比其他国家的指数高得多。这些指数表明，如果建立起货币联盟，则马来西亚很难加入。

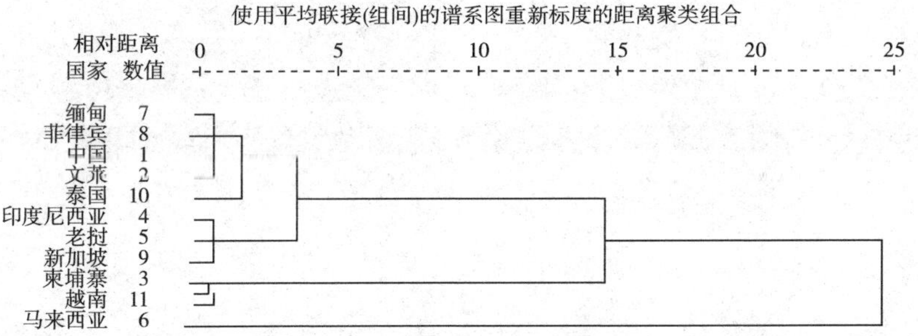

图 5 – 1　OCA 指数的聚类分析

我们通过图 5 – 1 可以发现，如果中国和东盟国家建立一个货币联盟，那么具有高相似性的国家应该先考虑将货币融合在一起。首先，融合新加坡、老挝、印度尼西亚三国的货币；其次，融合中国、泰国、文莱、菲律宾、缅甸的货币；最后，融合通货膨胀率较高的两个国家越南、柬埔寨。也就是说，根据聚类分析的结果，融合进程可以考虑按以下步骤进行：步骤一，统一新加坡和印度尼西亚的货币；步骤二，统一中国、泰国、文莱、菲律宾的货币；步骤三，统一越南和柬埔寨的货币；步骤四，统一马来西亚的货币；步骤五，统一经济落后、通货膨胀最不稳定的老挝和缅甸的货币，最终组成一个货币联盟，实行单一货币。

通过测算中国和东盟各国的 OCA 指数，以及对 OCA 指数进行聚类分析，结果表明：中国和东盟国家表现出比较明显的层次性，结合第四章对产出和价格谐动的分析，经济发展较好的新加坡、中国、文莱、菲律宾、印度尼西亚应首先考虑建立货币联盟，其次才是其他国家。OCA 指数与第四章产出和价格谐动的分析结果类似，同样表明新加坡的货币在区域内是最稳定的货币，其次是中国的货币，它们可以作为建立货币联盟的锚货币替代现在大多数国家钉住的美元。

第六章

中国—东盟建立货币联盟模式选择

欧洲国家从20世纪50年代初开始经济和货币一体化进程，从共同市场的建设到欧元区的建立，经历了一个漫长的过程。中国和东盟国家要在自由贸易区的基础上建立货币联盟，由于与欧盟各国相比还存在很大差距，因此应该在自由贸易区经济贸易和货币合作的基础上，选择合适的货币一体化模式，稳步推进货币联盟的建设。

第一节　建立货币联盟的模式选择

一、欧元区的经验

货币领域的合作既是区域内各成员经济体之间更深层次的合作，也是商品和包括劳务、资本、技术等诸多生产要素在内的一揽子资源，为了满足区域内的自由流动、组合与配置的必然要求。欧洲货币体系的建立，集中体现了欧盟各成员国之间经济合作的相对彻底性，因而也值得有更广泛和更深入合作要求的其他区域一体化组织借鉴和参考。

（一）欧洲货币合作的背景

1. 欧洲的货币合作是发展共同体内部贸易和巩固关税同盟及共同农业政策的需要

截止到1967年7月，欧共体最早的六个成员国（法国、西德、意大利、荷兰、比利时、卢森堡）之间的内部关税已全部削减完成，而且贸易限额早在1961年底就全部取消。经过艰苦卓绝的努力，到1968年7月7日，欧洲共同体成员国之间对大部分农产品的贸易限制已经取消，制定了统一的价格，建立了共同的对外农产品关税壁垒，提前实现了建成农业共同市场的目标。关税同盟的建立和共同农业政策的实施，有力地推动了共同体内部工农业产品相互贸易的迅速发展，同时也促使各成员国经济相互依赖程度的加深，并由此引发各成员国之间由于计价货币不同、汇率波动导致的经济摩擦。例如，由于联邦德国的进口农产品主要来自法国，1969年8月的法郎贬值迫使其农产品价格上涨40%，由此导致了共同体各成员国间贸易的不平衡。在这个背景下，建立一种旨在消除摩擦的区域性货币合作机制就成为巩固和发展共同体关税同盟和共同农业政策的重要保证。

2. 欧洲的货币合作是欧共体成员国摆脱对美国严重依赖和美元危机不利影响的需要

以美元为中心的世界货币体系，即布雷顿森林体系建立于第二次世界大战结束前夕，其主要结构和思想是由以美国为首的西方国家构建的。在这个体系中，各国货币通过美元与黄金间接发生关系，使美元的地位等同于黄金，并可作为国际储备资产和国际支付手段，由此确立了美元的霸权地位。在布雷顿森林体系下，欧共体各成员国货币从属于美元虽然有利于汇率的相对稳定，并在一定程度上促进了国际贸易发展和国际资本流动的扩大，也在一定条件下解决了当时国际储备和国际支付不足的问题，但“双挂钩”机制的有效运行，是建立在美国强大的经济实力基础上的，它要求美元的对外价值必须保持稳定，并要求美国必须保持充足的黄金储备，以应付外国政府或中央银行用美元兑换黄金的要求。而从20世纪50年代初开始，美国的经济实力开始下降，国际收支连年逆差，导致黄金逐渐流失，美元的国际信用与地位开始被削弱，直至出现频繁的美元危机，最终导致1973年初布雷顿森林体系的瓦解。这不仅给欧洲外汇市场造成了沉重的压力，而且由于抛售美元后需买进一种或几种被认为比其他货币稳定的欧洲货币，从而招致了欧共体各成员国货币的大幅度频繁波动，严重影响了欧洲货币的稳定性。据统计，从1977年初到1978年10月，美元兑西德马克下跌了26%，兑英镑和法国法郎下跌了19%。布雷顿森林体系瓦解后，欧共体中西德、荷兰、比利时、卢森堡、丹麦等五国货币实际上实行的是联合浮动机制，但这种联合浮动机制由于美元兑西德马克汇率的不断贬值，致使参加联合浮动的其他货币一再调整对马克的比价，这样波动直接冲击了联合浮动机制的稳定性，再加上当时的法国、英国、意大利和爱尔兰四国货币保持单独自由浮动，就更加使欧共体难以保持其汇率稳定，影响了国际贸易及结算和国际资本流动的顺利进行。因此，欧共体成员国研究了对策，决定建立欧洲货币体系，以全方位的货币合作摆脱美元的剧烈波动对各成员国经济造成的冲击。

3. 欧洲货币合作的物质基础是欧共体各成员国20世纪70年代中期以后雄厚的外汇储备，而且各成员国经济情况逐渐好转也为欧洲货币体系的建立创造了有利条件

虽然《罗马条约》的有关规定称欧共体成员国在发生国际收支困难时，可以要求其他成员国给予帮助，但基于对在经济上受到别国牵制的担心，当某一成员国货币发生危机时，往往并不求助于共同体伙伴，而是向国际货币基金组织等国际金融机构，甚至美国请求贷款。例如，1968年法郎出现危机时，西德曾主动表示愿意向法国提供信贷以支持法郎，但法国政府不愿接受双边贷款。为了清除这种担心的影响，同时也为了在连绵不断的货币金融危机中求得生存，共同体成员国开始设想建立共同的外汇储备，以应付国际收支困难。截止到1970年，欧共体六个成员国的黄金和外汇储备增长到300亿美元，从而为建立地区性货币体系提供了雄厚的物质基础。自1976年以来，欧共体九个成员国的经济情况均有所好转。至20世纪70年代末，共同体成员国的通货膨胀率得到一定减缓，1978年九国平均通货膨胀下降到6.8%，较1974年降幅达到50%，通货膨胀率在各缔约国间的差距也进一步缩小。1974年，通货膨胀率最高的是英国为24.2%，最低的是西德为5.9%，差距达到18.3%。1978年，这一差距在意大利和西德之间被缩小为9.5%，各国的国际收支情况也在不同程度上得到改善。这表明在70年代末，欧共体成员国的经济状况良性趋同，为创建欧洲货币体系准备了较为充分的条件。

弱，西德马克是强币，在美元下跌的情况下总是被首当其冲地卷进投机风潮。1978年以来，美元连续下跌，马克不断升值，联邦德国的对外贸易受到很大损失，因此总理施密特于1978年提出了较为务实的计划，即先建立欧洲货币稳定区。法国因当时较为频繁的汇率波动直接影响到共同农业政策的巩固，所以考虑到汇率频繁变动会使共同体成员内部对农产品共同价格的补贴制度对法国产生很大的影响，希望能够有一个稳定的欧洲货币制度来稳定货币的价格，进而使农产品价格稳定。因此，施密特的计划得到时任法国总统德斯坦的积极支持。西德、法两国对建立欧洲货币体系若干技术问题的密切磋商，对该体系的最终建立起到了重要作用。

哥本哈根会议于1978年4月召开，共同体的九国领导商讨共同货币制度的建立。会议的主要成果是法国和联邦德国提出了全新的建立欧洲货币体系建议，并初步就可行性交换了意见。1978年7月，在欧共体布莱梅首脑会议上，法国和联邦德国作为发起国提出了建立欧洲货币体系（EMS）的正式建议。7月7日，会议发表了《布莱梅宣言》，阐述了欧洲货币体系的主要内容。①从汇率管理的角度看，欧洲货币体系将至少像“蛇制”一样严格。在实施的最初阶段和一段时间内，未参加“蛇制”的各成员国货币可以环绕中心汇率选择某种较宽的波动幅度。干预原则上应使用参加国的货币进行，中心汇率的改变要在协商一致后方可进行。欧洲货币单位（ECU）将是该体系的核心，并被用作共同体各中央银行之间的结算工具。②作为共同体各中央银行之间使用的欧洲货币单位的最初供应量，一方面根据美元和黄金的存储量确定（如按各成员国中央银行目前存储量的20%供给）；另一方面根据各成员国的货币发行量确定。③各参加国应协调对第三国的汇率政策。为此，参加本计划的各中央银行将在适当的组织中加强咨询磋商，协调对美元进行的共同干预。④欧洲货币体系方案开始后，至多两年的时间建立欧洲货币基金。⑤只有在各参加国实施有利于国内外更大程度稳定的政策时，一个更紧密的货币合作体系才会取得成功，这既适用于赤字国家，也适用于盈余国家。

4. 布鲁塞尔会议及欧洲货币体系的正式生效

法、西德两国在布莱梅会议上的提议得到了其他成员国的支持。1978年12月，在布鲁塞尔召开的欧洲理事会通过了最终决议，决定从1979年1月1日开始实行欧洲货币体系。联邦德国、法国、比利时、丹麦、卢森堡和荷兰等六个成员国当即同意参加这个体系，意大利和爱尔兰稍后也宣布同意加入。英国暂不参加欧洲货币体系，也不参加货币共同干预的制度，这是由于英国不愿放弃其经济和货币政策的灵活自主权，同时担心参加兑美元的联合浮动会使英镑汇率上升，影响其出口竞争能力，从而对出口贸易和国际收支不利。但是，英国同意保证英镑兑其他共同体成员国货币的汇率稳定。

但是，欧洲货币体系原定的实行日程由于法国和西德的矛盾而被延期。法国坚持只有取消对农产品的货币补偿制度，才能同意欧洲货币体系生效，联邦德国则不同意欧洲货币体系生效。经过几个月的磋商，双方互作让步，于1979年3月7日达成妥协方案。新的方案规定：对欧洲货币体系开始实行后所征收的新货币补偿分两个阶段加以削减，时间不超过3年；已经征收的货币补偿也必须逐步取消。在解决了这一争执之后，欧洲货币体系终于在1979年3月13日宣布正式生效。该货币体系的主要内容包括：创建欧洲货币单位“埃居”（ECU）；确定稳定汇率机制；建立欧洲货币基金。欧共体在此基础上重新开始了货币合作。欧洲货币体系的建立，对成员国之间货币汇率的稳定发挥了积极作用，为发行统一货币积累了经验，创造了条件。

5. 德洛尔计划

欧洲货币体系的建成，标志着欧洲的货币合作进入稳定发展的阶段。1985年12月，欧共体卢森堡会议通过了《单一欧洲法案》，规定在1992

年底之前建立欧洲统一大市场。大市场已经超出某种生产要素单一的协调与合作，是在一个没有内部边界的地区实行商品、人员、劳务和资本的自由流通。在此背景下，1988 年 6 月底的汉诺威会议进一步提出并决定开展货币合作的下一步计划。该计划由以主席德洛尔为首的欧共体委员会负责制订，一份题为《欧共体经济与货币联盟》的报告于次年被提交给各成员国进行审议。1989 年 6 月，各成员国领导在马德里会议通过了这份报告，并共同决定于 1990 年 7 月 1 日开始实施货币联盟。其中，货币联盟包括货币自由兑换、固定汇率制度。报告还提出了建立统一中央银行的设想，标志着欧洲货币体系又跃上了新台阶。

6.《马斯特里赫特条约》

1991 年 12 月，欧共体各成员国领导在荷兰的马斯特里赫特开会，共同商讨欧共体在建立统一市场后，将这一成果提升到货币和政治联盟的问题。会议通过了《马斯特里赫特条约》，其中包括《政治联盟条约》和《经济与货币联盟条约》。该条约对实现欧洲统一货币的措施和步骤做了具体安排并提出了时间表，建立欧洲中央银行的时间最迟是 1998 年 7 月 1 日。该条约同时规定最迟在 1999 年 1 月 1 日建立统一货币体系，即实行单一的共同货币。《马斯特里赫特条约》的签订使“欧洲联盟”取代了“欧洲共同体”，该条约的签订是欧洲货币体系发展道路上重要的里程碑。

（三）欧元建立的经验

1. 建立了一个复杂的稳定机制

欧洲货币体系的复杂机制主要来自三个方面：①确定一个稳定的汇率机制；②建立欧洲货币基金，用于共同贷款和贷款来源；③建立欧洲货币单位，用于计价和支付。

第一，确定稳定的汇率机制。欧洲货币体系的汇率机制是双重的中心汇率机制，也就是说，成员国实行两套相结合的汇率体系，对内实行固定的可调整汇率，对外则成员国联合实行浮动汇率。所谓固定汇率，就是允许参加国的货币之间波动幅度为 ±2.25%，对意大利里拉的波动幅度则允许扩大到 ±6.00%。

欧洲货币体系规定的干预办法，比起原联合浮动机制的平价网体系有所改进，采用了平价网体系和“货币篮子”体系相结合的机制。原联合浮动机制所采用的平价网体系的主要内容是，在双边基础上确定彼此间的中心汇率。该规定同样限制了成员国彼此的波动不能超过 ±2.25%，即“超蛇”机制。实行这种体系的特点在于货币偏离中心汇率的程度可以通过清晰的汇率变动直接反映出来。也就是说，在货币超过规定的波动时，该国应当采取措施对货币市场进行干预，使汇率保持在规定的波动范围内。然而，这种制度往往会造成各国由于货币的强势程度不同，使货币干预措施由一些相对弱势的国家承担，导致其损失大量外汇储备。

新的欧洲货币体系不仅继承了原联合浮动机制的平价网体系，还采用了“货币篮子”体系。“货币篮子”体系是指每种货币只同欧洲货币单位（“一篮子货币”）联系。这种机制是以欧洲货币单位平价为基准，按照欧洲货币单位与各成员国货币的比价确定中心汇率，如果某一货币偏离了这一中心汇率，则该货币所有国有义务承担货币干预的责任。由于强币国在“货币篮子”中所占的权数较大，如 1979 年 11 月 30 日西德马克的篮子权数为 33.36，同期意大利里拉的篮子权数为 9.41，爱尔兰镑的篮子权数为 1.14，这样造成的结果和之前的体系正好相反。货币更为强势的国家往往需要承担更多的货币干预责任，损失更多的外汇储备，加重债务负担。欧洲货币体系采用了平价网体系与“货币篮子”体系相结合的双重中心汇率机制，即以平价网体系为主，以“货币篮子”体系为辅。建立这种机制，一是确定参加国货币之间每对货币的中心汇率和上下限干预点，二是确定货币对欧洲货币单位的法定比价。当某一货币偏离了以欧洲货币单位确定的中心汇率并达到一定的程度时，该货币国的中央银行就有责任采取措施干预市场。这种机制被称为“差异界限机制”，是一种预防性的措施，能够有效控制货币体系内汇率的波动幅度。如果各参加国都能利用这一机制所反映的情况来采取措施，就有在事先排除两国之间汇率波动达到干预点的可能性，这对稳定各国货币汇率关系的作用很大。

第二，建立欧洲货币合作基金。货币合作基金的建立能够在汇率波动时帮助区域内各成员国稳定货币汇率，保证货币体系的正常运转。这种形式的货币合作基金要求有一笔数量庞大的、有可靠支付能力的资金，可以在成员国国际收支困难时提供必要的信贷支持。1979 年 4 月，欧洲货币体系中包括英国在内的各参加国均建立了欧洲货币合作基金，每个参与国各自提取本国黄金外汇储备总额的 20% 作为发行欧洲货币单位的准备金，并计划在过渡期结束后创建欧洲货币基金，作为共同体的共同储备。

欧洲货币体系成员国在资金困难时，可以利用相互支持的信贷体制或直接向欧洲货币基金申请贷款以应需要。这种相互支持的信贷机制有三种。一是，适用于参加欧洲货币体系的所有中央银行，这是一种超短期的互惠信贷，为防止最大限度的波动幅度设置。在欧洲货币体系运行机制下，参加超短期互惠信贷的债务国中央银行可以用欧洲货币单位结算债务，而债权国中央银行按欧洲货币单位结算的接受额不多于债务总额的，债务差额要用其他储备资产结算。二是，适用于所有共同体国家的短期货币支持。主要是在国际收支暂时失衡的情况下起到临时调配资源的作用，信贷总额为 140 亿埃居，彼此可以使用的短期货币支持额为过去的 2 倍以上，期限为 3 ~6 个月并可延长到 9 个月。三是，由共同体成员国提供的中期财政援助，时限为 2 ~5 年，当成员国出现较为严重的长期国际收支困难时可以使用，在欧洲货币体系创建时实际可使用的信贷额增加 1 倍，达到 110 亿埃居。

第三，建立欧洲货币单位。欧洲货币单位的创设是欧洲货币体系的中心问题，其前身是欧洲货币记账单位。欧洲货币单位是一种“篮子货币”，各种货币所占比例主要根据相关货币发行国的国内生产总值、在共同体内贸易的份额和欧洲共同体内短期信贷的份额确定。

欧洲货币单位对于欧洲货币体系稳定汇率机制的作用，在于既可以充当汇率结构的计算标准，即作为形成一国中心汇率和套算汇率的参考单位，也可以作为决定共同体各国货币汇率偏离中心汇率的“指示器”。此外，欧洲货币单位还可以用于欧洲货币体系成员国和其他欧共体成员国间的国际结算。随着欧洲货币基金的建立，欧洲货币单位将成为各国中央银行的储备资产。根据欧洲共同体理事会的有关建议，欧洲货币单位作为国际储备只能由欧洲货币合作基金和欧洲共同体会员国中央银行持有，而其他国家和中央银行或金融机构仅可将欧洲货币单位作为记账单位。欧洲共同体中央银行和欧洲货币合作基金成员国中央银行之间进行的特别短期贷款也以欧洲货币单位结算，用以对外汇市场进行干预，解决国际收支失衡问题。

总结欧洲货币体系的运行机制特点，可以概括为三条活动原则。①实行成员国间的经济结合。货币领域的合作是经济合作的深层次表现，欧洲货币体系注重对成员国货币政策方面的调节，以保持各成员国国内货币政策目标，并通过稳定的汇率机制达到成员国汇率目标与经济目标一致。全球性需求管理政策方面的协调也是经济结合的重要表现，有利于欧洲经济和货币联盟的进一步发展。②货币体系运转的灵活性。双重的中心汇率机制及表现为“篮子”的欧洲货币单位集中体现了灵活性特征。与布雷顿森林体系比较，欧洲货币体系既不具有挂钩的刚性，也不过分强调汇率的调整。③美元与欧洲国家货币之间的稳定性。在实行单一货币之前，欧洲国家的大部分贸易是用美元结算的，美元汇率的任何波动都会影响它们的经济情况，所以美元的相对稳定有利于欧洲货币体系的正常运转。但美元汇率取决于美国的经济情况和财政货币政策，欧洲国家对此难以控制。通过建立欧洲货币单位，使其成为经济生活中某些领域的存贷款、债券和票据等的计价货币单位与结算单位，这在一定程度上创造了稳定欧洲货币对美元比价的基本经济条件。

2. 为欧盟成员国申请参加货币联盟制定了“趋同条款”

1991年12月通过的《马斯特里赫特条约》（以下简称《马约》）对实现欧洲统一货币的措施和步骤做了具体安排并提出了时间表。《马约》中提到了“趋同条款”，即要求成员国：①具有条款规定的能够保证货币一体化后稳定运行的良好环境；②“趋同”的货币联盟要求成员国尽量在经济发展水平和结构上相互接近。《马约》在规定“趋同”指导思想的同时，通过定义以下四个指标进一步细化和指标化“趋同”所要达到的目标。

第一，通货膨胀指标。以货币联盟内三个价格水平较稳定国家的通货膨胀率作为参考依据，规定了成员国的通货膨胀率不得高出这一水平的1.5%。这一指标的规定只体现了一个相对量，并非绝对。虽然《马约》给出一个通货膨胀率绝对值为2.7%作为参考，但并不具有约束性而是重在让各国“参考”。

第二，利率指标。参加货币联盟国家的远期利率不得超过联盟内利率较低的三个国家的2%。远期利率是一个测量和估计未来通货膨胀预期水平的指标，对未来价格水平的判断反映出该国的经济状况。一般而言，升高的远期利率将导致政府财政和货币政策放宽预期，货币供应量扩大的可能性增大将造成对未来通货膨胀率升高的预期。《马约》通过限定成员国的远期利率不得超过一定标准来限制对远期通货膨胀的预期，使各国的经济周期尽量吻合，为单一货币的实施和货币政策的制定提供稳定性保证。

第三，汇率指标。对于汇率的规定没有强制性的指标限制，只是要求在最近两年内成员国的货币没有发生持续地对其他某一货币的贬值，同时这种比价变动也不能是大幅波动。前一章我们对欧洲货币体系稳定的汇率机制做过阐述，“趋同条款”在这方面做了更严格的强调，其汇率指标对于货币强势程度不同的国家有不同的约束。一个典型的例子，20世纪90

年代统一后的德国实行了高利率政策，引发了欧洲货币体系的危机，并且使其他一些货币大幅贬值，即使德国对此采取了干预措施也依然无法有效遏制，只能通过暂时退出联动汇率机制来防范风险的进一步扩大。随后，德国坚定遵守《马约》实行低利率的货币政策，反映了其为能够进入货币联盟所做出的巨大努力。

第四，赤字及债务指标。这一指标的设定主要是为了防范风险的传导。成员国应当对其国内的财政政策进行有效调控，以负责任的姿态为解决货币联盟的问题作出贡献。具体而言，成员国的年度财政赤字必须控制在国民生产总值的3%以内；国家整体负债额必须限制在国民生产总值的60%以内。政府为了促进经济增长所采取的高赤字、高负债政策极易导致通货膨胀。过分依赖外债的经济增长会使本国的外汇储备下降至难以抵制游资冲击的水平，直到出现债务危机，并引发货币危机。因而，《马约》对货币联盟参加国债务和赤字水平的限制是走向经济趋同的必要条件。

3. 建立了超国家的货币管理机构——欧洲中央银行

建立欧洲中央银行的设想早在欧洲共同体关于建立货币联盟的过程中就已经形成。1994 年 1 月 1 日，欧洲中央银行的前身欧洲货币局宣告成立。1998 年 6 月 1 日，欧洲中央银行正式建立。作为一个跨越国界的组织，欧洲中央银行保证了欧元的顺利运行，处理了在世界范围内同美元体系进行竞争的一系列关键问题。因此，对于欧洲中央银行职能及其货币政策的研究，为准确把握世界今后的经济走势，以及中国中央银行运作模式的选择都非常重要。

欧洲中央银行本体及其体系组成了欧洲中央银行的整体。前者是一个具备法人资格的实体组织，后者更多的是一个框架体系，其实体组织在广泛层面上包括了所有欧元区国家的中央银行。中央银行组织机构的独立性是指中央银行相对独立于政府，不受政府控制和干预。中央银行作为政府的银行，虽有为财政融资服务的义务，但又担心政府滥用权力，无节制地利用中央银行为财政筹措廉价资金，以致造成通货膨胀，危及经济稳定。因此，从组织结构上相对独立于政府是保证中央银行独立性的最重要方面。欧洲中央银行体系制度结构的独立性，指的是相对于欧洲联盟各机构和各成员国政府的独立。为保证欧洲中央银行的独立性，《马约》规定欧洲中央银行作为一个独立的货币政策制定组织，在任何情况下都不被允许向其成员国的财政赤字提供资金支持。也就是说，欧洲中央银行和各成员国的中央银行应当是独立于政府存在的，既不能帮助政府透支，也不允许向其提供任何信贷便利，同时也禁止购买政府发行的债券。目前，所有欧盟成员国都能很好地执行上述规定。因此，欧洲中央银行被认为是世界上最具独立性的中央银行之一。

二、模式选择

虽然欧洲的经济和政治一体化水平比东盟高得多，但是中国—东盟自由贸易区内部的相互依赖程度正在迅速加深，贸易、投资和一些政治合作正逐渐展开。如果东盟在某些方面尚不具备最优货币区的一些标准，那么欧洲在建立货币联盟的初期也同样不完全具备。蒙代尔曾经指出："欧洲的榜样似乎不可避免地被其他地方仿效，特别是在东盟，但不仅仅是在东盟。因为国际货币体系的解体产生了一种可以被地区货币安排内部化的外部性，作为对国际货币体系的一种次优选择。"①

由于中国—东盟自由贸易区面临更加不利的国际环境，导致各成员国为了宏观经济的稳定、经济的发展，开始认真探讨某种更为极端的汇率机制，如货币同盟。中国和东盟国家建立货币联盟的进程虽然要借鉴欧盟的

---

① R MUNDELL. A theery of optimum currency areas[J]. American economic review,1961(51): 657－665.

经验，但是也要结合地区经济的特点，不会与欧洲完全相同。中国—东盟自由贸易区建立货币联盟可以考虑采取从低级到高级的合作模式。

（一）借鉴欧盟货币一体化的经验，中国和东盟国家可以建立稳定基金

建立一个共同的基金是保障中国—东盟自由贸易区经济和贸易体系免受冲击的前提，这样在各成员国财政收支和国际收支发生严重失衡和遭受冲击时，一方面可以用其有效干预外汇市场和提供政府间的清偿手段，稳定各成员国的货币汇率，以便对国际收支困难的成员国提供信贷支持；另一方面可以在国际货币基金组织和其他国际组织提供援助的基础上提供补充援助，从而避免成员国在财政收支和国际收支发生严重失衡时，国内经济出现严重的衰退。对于稳定基金可以借鉴欧盟的做法，由自由贸易区成员国各自提取本国黄金外汇储备总额的一定比例建立，作为发行自由贸易区货币单位的准备金，为进一步的货币一体化提供共同储备。

稳定基金应具备以下功能。第一，发挥最后贷款人作用。最后贷款人是在成员国陷入金融危机后对其提供及时的帮助，以稳定其汇率和利率，避免金融危机传导到实体经济领域，引发更大范围的危机，造成更大层面的系统风险和经济动荡。第二，对成员国进行常规性监测，监督各成员国的经济形势，提出货币和财政政策协调的意见和建议，并建立起危机预警体系。第三，规定了成员国的行为准则，有利于提高成员国在金融运作和监管方面的高效性，建立并完善各成员国之间信息披露制度，为协调各成员国宏观经济政策提供依据。第四，建立应对严重失衡的融资机制，分散和化解区域金融风险，稳定金融市场。

从目前中国—东盟自由贸易区的经济发展和贸易合作看，已初步具备了建立基金的条件。第一，中国和东盟各国具有高储蓄率、高贸易盈余、高外汇储备的特征，这是成立基金的关键条件。首先，作为“东亚模式”

的重要特征，东盟各国具备较高的储蓄水平。其次，东盟各国从 1968 年开始实施出口导向的发展战略，出口贸易增长迅速，有大量的贸易顺差。最后，1997 年亚洲金融危机后，东盟各国经过调整已经从危机中解脱出来，中国和东盟各国的外汇储备迅速增长，为建立基金创造了有利条件。第二，作为过渡性措施，中国和东盟各国可以进一步扩大货币互换协议的范围和规模，作为危机快速反应机制。当自由贸易区成员国受到外部冲击，金融机构发生严重流动性困难时，可以通过提高政府间互换货币的互换额度解决，形成中国—东盟自由贸易区域内缓解危机的援助机制。

从目前的经济形势看，建立稳定基金可以加速中国—东盟自由贸易区的发展。首先，如果稳定基金建立则是对现行的以美、欧、日为主导的国际货币体系的一种改革，将有助于中国和东盟国家在今后的国际货币体系改革中发挥更大作用，加快区域金融合作的步伐。其次，稳定基金的建立有利于提高自由贸易区内各成员国的经济安全性，应对危机的能力，对建立货币联盟的积极性。最后，为中国—东盟自由贸易区的进一步发展，形成共同市场创造现实的条件。

（二）汇率联动机制

货币同盟的模式从初级到高级，包括共同单一钉住、共同“篮子”钉住、货币局、美元化和单一货币。货币局和美元化是特殊国家和地区实行的汇率及货币制度，显然不适合中国和整个东盟地区。因此，对于中国和东盟国家来说，剩下的选择只有共同单一钉住、共同“篮子”钉住和单一货币。

就目前中国和东盟各国间经济和贸易发展的总体情况看，已经初步具备了建立汇率联动机制的经济和技术基础。首先，经过多年努力的自由贸易区，区域内贸易与投资的相关度大大提高。目前，中国—东盟自由贸易区区域内贸易占地区国内生产总值的比重，已经超过同期北美自由贸易区和欧盟的水平，与欧元区建立前的水平比较接近。1997 年亚洲金融危机后，中国和东盟国家的外汇储备迅速增加，区域内贸易、外汇储备、要素流动等指标共同变化趋势明显，即使各国经济不均衡，从发展趋势上看中国—东盟自由贸易区也已具备汇率联动的基础。其次，东盟具有汇率联动的技术基础。在 1997 年亚洲金融危机后，虽然东南亚国家中有一些国家从固定汇率制转而实行浮动汇率制，但经过多年的经济恢复，相当多的东盟国家又回到了钉住美元的固定汇率制，其本币兑美元的浮动被控制在很窄的幅度之内波动。因此，从经济发展水平和汇率制度上看，中国和东盟国家已经初步具备了建立汇率联动机制的基础。

建立汇率联动机制，可以考虑从以下三个方面入手。首先，强化钉住美元的汇率制度。中国和东盟国家一直都实行钉住美元的汇率制度，如果与稳定基金配合这一制度将有利于保持中国和东盟各国的金融稳定，而强化这一制度将有利于以后的联合浮动。其次，建立中国—东盟自由贸易区内的“货币篮子”。钉住美元的汇率制度本身有严重的缺陷，除美国以外其他国家很难控制美元汇率的波动，美元的波动会破坏中国和东盟国家经济一体化的进程，也会造成中国和东盟国家经济的不稳定，所以保持汇率的稳定对自由贸易区内经济的稳定发展具有极为重要的意义。因此，对于自由贸易区内各成员国来说，要实现区域内汇率的相对稳定，可以借鉴欧盟国家的经验，建立一个以区域内通货膨胀和经济增长较稳定的几个国家的货币为基础的“货币篮子”，在各国钉住美元的基础上，逐步过渡到钉住这一“货币篮子”。最后，借鉴欧盟的经验建立一种超国家的用于区域内结算的货币单位。欧洲货币单位的建立是欧盟货币一体化的重要环节，既大大地节约了欧盟国家的交易成本，也探索出了一条不同国家可以接受的货币合作途径，是欧盟建立货币联盟的里程碑。借鉴欧洲货币单位的成功经验，中国—东盟自由贸易区可以建立一种超国家的结算单位用于区域内结算，同时逐步推广以用于国际结算。中国和东盟国家可以考虑由 11 个成员国货币按其国内生产总值和对外贸易比重组成各国货币的复合体，即以“篮子货币”充当成员国的结算工具，并与美元脱钩，这是摆脱钉住美元汇率制度的一种选择。

现实操作方面，中国和东盟国家的汇率合作模式可以模仿欧洲的“蛇洞制”和“蛇制”模式。第一阶段，由于中国和东盟国家的货币基本都是钉住美元的，所以可以通过协商规定各国货币兑美元的平价水平和统一的汇率波动范围，即“洞”。同时，确定各成员国货币的平价水平和统一的波动范围，即“蛇”，各成员国之间的货币汇率波动范围应小于兑美元的波动范围。这样，将各国货币的汇率和与美元的汇率固定下来，同时可以根据经济形势的变化做统一的调整，这是一种受双重纪律约束的汇率制度。第二阶段，在各国的价格水平和汇率稳定后，可以选择一种或几种区域内货币作为钉住货币，根据前两章的产出和价格谐动分析及最优货币区指数分析，可以选择中国和新加坡的货币作为钉住货币以取代美元。固定各国与人民币和新加坡元平价水平和统一的波动范围，在汇率波动超过规定范围时，各国中央银行应该联合进行干预，以维护汇率的稳定，即“蛇制”，这是一种单一钉住的汇率制度。第三阶段，建立各国统一的结算单位。欧洲货币单位并非一个结算单位那么简单，与欧洲货币单位相联系的是欧洲货币体系和管理这个体系的欧洲货币局。在构建欧洲货币体系过程中，各成员国在货币政策、财政政策等方面均按欧盟的要求做了一定的让步。因此，如果要建立中国和东盟国家统一的货币单位就必须实行一系列货币制度，各成员国必须协调货币政策和财政政策，并组建一个超国家的管理机构对其进行协调和管理。建立统一而有权威的超国家的管理机构，是保证各成员国经济政策协调和汇率稳定的关键。

（三）建立货币联盟向单一货币联盟逐步过渡

单一货币联盟是指其成员国放弃本国货币发行权，使用另一国货币或者使用一种新创造的区域货币。这种模式有三个方面的影响：一是固定汇率，单一货币；二是资本完全自由流动，货币完全自由兑换；三是各国丧失本国的货币政策。它具有透明性、节省信息和交易成本的优势，欧元区就是这种形式。欧洲货币联盟经历了从欧洲汇率机制到欧元区的渐进过程，属于典型的单一货币联盟。

欧元的演进路径给中国和东盟国家未来的货币一体化提供了可行性参考。中国和东盟国家经济发展水平相近，且政策趋同，组成单一货币区、创建新的共同货币，根据区内国家经济发展的需要制定共同的货币政策应该更具稳定性。统一货币使区域内任何一个成员国都能获得很多贸易、投资和金融等经济方面的实惠。

第二节　如何发挥中国在货币联盟建立中的主导作用

一、锚货币的选择

货币一般都具备价值尺度、支付手段、储藏手段三个基本职能，这三个基本职能从国内向国际的延伸就是锚货币，即货币行使国际货币的职能。锚货币作为国际通用支付手段能替代黄金完成国际贸易，作为在国际经济和金融活动的价值标准尺度，不仅发挥着普通货币的交易和支付手段以及储藏手段的功能，还发挥着国际货币等功能。锚货币是各国都可以接受的一种国际货币，各国将自己的货币与锚货币兑换以用于国际结算，并将自己的货币币值与锚货币挂钩，固定在一定范围内波动。锚货币作为一种国际经济活动的价值尺度，一方面起到中间货币的职能，即在国际贸易中充当国际商品和劳务的计价工具和标准；另一方面则是作为某国货币汇率的标准，通过货币的兑换完成国际贸易。同时，锚货币也可以成为国际资本市场结算的支付手段和工具，为金融市场服务。由于锚货币在国际上的广泛接受性以及使用的便利性，各国政府不仅可以通过其进行结算和支付，也可以将其作为干预外汇市场的工具，对国际贸易差额进行结算。也就是说，锚货币可以作为一国的储备货币来应付国际支付中的不时之需，实现价值的国际转移。所以在国际金融市场上，私人投资者将其视为一种金融资产，而一国的货币当局则将其视为一种国际储备。另外，金融领域的创新业务越来越脱离实体经济，因此锚货币的作用也就越来越广泛，不仅可以进行国际贸易结算和支付，而且作为一种增值保值的工具被广泛应用于资本市场。

成为锚货币的一国必须具有强大的经济实力、稳定的政治基础和自由的金融市场。也就是说，这个国家要有能力维持经济的稳定，保持货币的自由兑换，金融市场能够规范运行，这样才能吸引国外投资者持有这种货币。同样，成为锚货币也要求该国有稳定、完整的金融体系支持国际资本的流动和交易活动。

一种货币能否成为有影响力的锚货币，取决于三个基本条件。第一，货币的普遍可接受性，即货币是否可以自由兑换。第二，货币发行国的经济规模，即货币所在国或地区经济与对外贸易和对外金融交易的规模大小。经济规模的大小使国际交易货币越来越集中在一种或几种上。使用与持有一种货币的成本主要取决于该种货币的使用范围。使用范围越广，交易效率越高，交易成本就越低。国家的经济规模越大，其货币的使用范围可能越广，越容易成为世界各国接受的锚货币。历史上的英镑、美元，欧洲货币体系中的马克和法郎就是很好的例子。第三，货币价值是否稳定，即货币对内、对外的价值是否稳定，持有或买卖该种货币的风险程度如何。持有该国或地区货币会面对外汇汇率风险，而这一风险的大小是由锚货币的币值决定的。锚货币的币值越稳定，持有风险就越小，世界各国就越愿意持有这种货币并将其作为结算手段和储备货币。世界主要锚货币的发行国，如美国、英国、德国、法国、日本等自20世纪90年代以来，国内通货膨胀都保持在较低水平便说明了这一点。

1991—2010年，中国和日本及西方主要国家中通货膨胀均值最小的是日本为0.28，标准差最小的是法国为0.76，中国均值和标准差分别为4.84和6.67（见表6－1、图6－1）。从其中可知，几个西方国家的通货膨胀水平一直比较稳定，1991年以来大体没有出现超过5%的通货膨胀水平，中国则出现了3次高于10%的高通货膨胀。中国和日本及西方主要国家相比，无论在通货膨胀的绝对水平上，还是在波动性上都远大于这几个国家。

一国货币要成为锚货币，货币的自由兑换性，国家强大的经济、贸易、金融实力，自由和发达的金融市场，货币币值的稳定和可靠性等几个条件是必须具备的。此外，一种货币要成为国际货币，还必须有很高的国际信用地位，国际社会要对该货币的自身价值有充分的信赖度。

就以上条件而言，人民币要成为东盟各国钉住的锚货币还需做出巨大的努力。从经济规模上看，虽然中国是中国—东盟自由贸易区内最大的经济体，经济实力和贸易规模最大，已具备了这一条件，但人民币尚不可以自由兑换。此外，中国的通货膨胀水平还高于日本和西方主要发达国家。从这两个条件看，人民币还不具备成为锚货币的条件。

表 6－1　1991—2010 年中国和日本及西方主要国家通货膨胀率的对比

单位：%

年份	国家				
	法国	德国	日本	美国	中国
1991	3. 22	3. 47	3. 40	4. 22	3. 40
1992	2. 37	5. 05	1. 64	3. 04	6. 40
1993	2. 11	4. 48	1. 31	2. 97	14. 70
1994	1. 66	2. 72	0. 60	2. 60	24. 10
1995	1. 78	1. 73	－0. 10	2. 81	17. 10
1996	2. 08	1. 19	0. 10	2. 94	8. 30
1997	1. 28	1. 53	1. 89	2. 34	2. 80
1998	0. 67	0. 60	0. 58	1. 55	－0. 80
1999	0. 56	0. 64	－0. 29	2. 19	－1. 40
2000	1. 83	1. 40	－0. 78	3. 37	0. 40
2001	1. 78	1. 90	－0. 69	2. 82	0. 73
2002	1. 94	1. 36	－0. 89	1. 60	－0. 77
2003	2. 17	1. 03	－0. 30	2. 30	1. 17
2004	2. 34	1. 79	0	2. 67	3. 90
2005	1. 90	1. 92	－0. 30	3. 37	1. 82
2006	1. 91	1. 78	0. 30	3. 22	1. 47

续表

年份	国家				
	法国	德国	日本	美国	中国
2007	1. 61	2. 28	0	2. 87	4. 77
2008	3. 16	2. 75	1. 40	3. 82	5. 90
2009	0. 10	0. 23	-1. 38	-0. 32	-0. 69
2010	1. 64	1. 32	-0. 99	1. 42	3. 52
均值	1. 81	1. 96	0. 28	2. 59	4. 84
标准差	0. 76	1. 23	1. 17	0. 99	6. 67

资料来源：国务院发展研究中心信息网：World Bank 数据库，ADB 数据，http：// 172. 16. 9. 80：81/DRCNet. OLAP. BI/web/ChannelPage. aspx？channel = sjjjsjk。

注：通货膨胀率指通货膨胀（平均消费者价格指数）年度变化百分比。

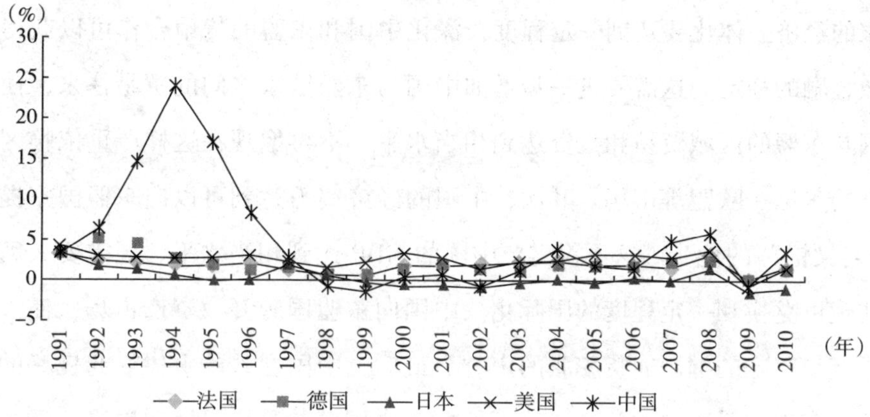

图 6-1 1991—2010 年中国和日本及西方主要国家通货膨胀率的对比

二、中国的应对策略

对于中国来说，为应对和东盟的货币合作可能带来的挑战，应该未雨绸缪。根据中国和东盟货币合作的进程和中国未来的角色变化，应采取具有针对性的应对措施。

（一）中国在中国—东盟建立货币联盟的过程中应起的作用

目前，中国和东盟的货币合作还停留在危机救援机制建设阶段。这一阶段要求各成员国之间签署货币互换协议，交流有关资本流动的信息。由于东盟几个成员国深受金融危机之苦，因此对危机救援机制格外重视，中国应该顺应各成员国的要求与其谈判，签署相关协议。结合中国的经济地位，中国的积极参与有利于加速中国和东盟建立货币联盟的进程，也有利于增强各成员国进行货币合作的信心。就目前在和东盟进行货币合作中扮演的角色，中国仅是一个重要参与者而不是领导者。如果中国要成为和东盟建立货币联盟的领导者，就须具备以下几个条件。首先，中国与东盟国家的经济一体化要达到一定程度，深化中国和东盟的货币合作可以获得区域金融的稳定。这需要进一步增加中国与东盟国家之间的贸易往来，使中国与东盟的区域贸易和投资达到相当水平，不再像现在这样严重依赖区域外的美国、欧盟等市场。其次，中国的经济实力达到可以向东盟国家提供“名义锚”的地步。这不仅需要中国的 GDP 达到相当水平，还需要人民币实现可兑换和一定程度的国际化。中国向东盟国家开放资产市场，使人民币获得坚定的抑制通货膨胀的声誉。最后，中国在政治上树立起良好的形象，获得东盟国家的信任。这不但要求中国政治稳定、透明度高，还要求中国与东盟国家妥善解决各方存在的领土等问题，并在国际事务尤其是国际货币体系改革中成为中国—东盟自由贸易区的利益代言人和领导者。显然，中国目前还远远不能满足以上条件，因此还只能停留在重要参与者的水平上。

在中国还不能成为领导者的情况下，其他东盟国家更没有实力成为领导者。然而，如果要深化中国和东盟的货币合作，仍需要一个合格的领导者，中国尽管现在不具备成为领导者的全部条件，但是具备这种潜力。作为迅速发展的大国，中国的经济规模和政治地位决定了其未来成为世界上最重要的经济体和政治实体之一。现在的中国是仅次于美国的世界第二大经济体，伴随经济发展和社会进步，成为中国和东盟货币合作领导者的条件将逐渐成熟。这样的发展前景决定了中国必须在同东盟的货币合作中扮演重要角色，不但要明确参与同东盟货币合作的现实意义，而且要对自身充当货币合作领导者做出长远安排。

（二）加速中国—东盟货币联盟进程中中国的应对策略

1. 进一步推进贸易自由化，建立中国—东盟统一市场

伴随经济全球化产生的另一个重要现象就是区域经济集团化。许多国家和地区通过签订双边和多边的自由贸易协定组建“自由贸易区”或“共同市场”等，这样既能在经济全球化过程中保护本国或地区的自身利益，又可以通过更加紧密的方式协调区域内的社会、经济、政治和文化资源，实现优势互补，增加整体的对外竞争能力。在世界经济一体化、区域经济集团化的潮流下，中国只能顺应潮流建立自己的区域集团。

中国在建立中国—东盟自由贸易区的基础上，可以考虑逐步实行商品、劳务和资本的自由流动，建立中国和东盟的统一市场，从而使生产要素和资源真正通过市场达到最佳配置。现在中国—东盟自由贸易区内贸易往来密切、数额巨大，随着区域内自由贸易的推进，商品统一大市场的建设必然被提上议事日程。但要实行资本统一大市场仍会有很大的障碍：一方面，由于中国实行外汇管制，在资本项目下不允许资金自由流动；另一方面，由于中国大量吸收了东亚地区的外资，导致“中国威胁论”在周边国家一度盛行，这些都为资本的自由流动制造了障碍。因此，对中国而言，当务之急是逐步有条件地放开外汇管制，更好地吸引外资，达到资金的区域内自由流动；东盟国家也应抛弃“中国威胁论”，强调互利与双赢，从而更好地推动区域内的资本合作。而劳动力的自由流动则是东亚统一大市场的难题之一，因为中国和东盟各国人口众多，尤其中国是世界上人口

最多的国家。所以，当前开放劳动力市场必将给各国经济带来不良的影响，短期内虽然不宜实现劳动力的自由流动，但可以利用东盟劳动力密集的优势，有管制地实行劳动力在各国间的流动，一方面可以解决就业问题，另一方面可以利用其他国家的人力资源引进先进的管理经验。

2. 加快金融体制改革

在金融危机之后，日本政府已经开始加快本国的金融体制改革，并积极推进日元的国际化。在研究日元国际化进程时可以看到，日元的国际化是与日本的金融体制改革和国内金融市场的开放联结在一起的。这对中国的金融体制改革是极好的启示，中国应该积极推进金融体制改革，并将其与人民币国际化紧密联系在一起。

结合中国的国情，金融体制改革基本可以分为以下五个步骤。第一，加强中央银行的宏观调控与金融监管。第二，进一步深化国有商业银行的改革，强化国有商业银行内部管理，深化产权制度改革。这一点尤为重要，与东盟国家金融体制面临的最大难题一样，不良资产问题也是目前中国国有商业银行的最大弊端所在。第三，大力发展非国有商业银行，规范民间融资，打破垄断局面，引入竞争机制。对中国而言，只有在对外开放前先对内开放，大力发展非国有金融机构，提高国内商业银行的竞争力，才能接受挑战，保持国内金融体系的稳定性，从而避免金融危机的发生。第四，发展金融市场，扩大直接融资比例。第五，逐步实行利率市场化。实行利率市场化有利于优化资源配置，提高银行和企业的经营管理水平和竞争力，促进银行间的公平竞争，提高货币政策的效力。只有在国内建立健全金融体系，才能进一步推动人民币的国际化进程，发挥其作为国际货币的作用，从而在中国和东盟的货币合作中处于主导地位。

3. 加速人民币的国际化进程

推进人民币的国际化需要完成的工作众多，难度也不小，因此应该将其分为四个阶段实行。第一阶段，经常项目下可自由兑换，即政府不对商品和服务贸易等交易进行限制，这一阶段已经完成。第二阶段，资本项目下可自由兑换，即政府不对投资和金融交易等需要进行限制。也就是说，取消对资本流出、流入的汇兑限制。现在，中国虽严格限制资本项目可自由兑换，但为了推进资本项目的可自由兑换，中国实行了渐进式的方法，遵循了先流入、后流出，先中长期资本、后短期资本，先直接投资、后证券投资的开放顺序。第三阶段，政府推动本币的国际化，使其成为其他国家可接受的交易、投资、结算和储备货币。第四阶段，政府对不发生跨国交易的、境内居民的本外币自由兑换不进行限制，即充分的可兑换阶段。

现在，境外流通的人民币数量已经接近1000亿元，人民币在东盟各国已获得了普遍的认可，如柬埔寨鼓励中国游客在其境内使用人民币。一种货币要成为国际货币，需要考察它所代表的经济实力，在世界经济活动中的参与程度以及本身的稳定性。从中国经济的长远发展、货币使用人数及稳定性来看，人民币已经具备了成为国际货币的条件，尤其在亚洲金融危机中，中国政府顶住各方压力宣布人民币不贬值，不仅有利于防止危机的进一步扩散，而且使人民币发挥了稳定国际货币体系的巨大作用，为中国和人民币赢得了良好的国际声誉，也使人民币国际化成为可能。现在逐步放松资本管制，推动人民币资本项目可兑换，既是中国涉外经济体制改革的长远目标，也是中国主动适应对外经济发展的选择。

逐渐加强人民币离岸金融中心的建设。人民币在境外的借贷，即人民币的离岸业务，使境外也发生了人民币的存款创造机制，这就对中国货币政策的执行提出了更高的要求 。在离岸金融中心的建设上，内地与香港的金融合作非常重要。同时，中国与亚洲的金融合作也进入更高的阶段，各方合作的目标和内容越来越明朗。通过人民币的离岸金融市场业务带动人民币区域化，进而实现人民币的国际化，是人民币成为国际通货、融入全球最现实的选择。

进一步放宽人民币出入境限制。建议在中国与越南、老挝、缅甸的边境毗邻地区，逐步取消对人民币出入境的政策性限制，使其在有法可依的条件下，推进人民币成为区域性的国际支付手段和国际储备资产。在一些边境地区取消人民币出入境的政策性限制，有利于双边经济、贸易往来的进一步发展；有利于出口收汇、出口核销真实性问题的解决；有利于对“地摊银行和地下钱庄”行为的遏制，进一步规范边境贸易结算，从而切实推进人民币国际化的进程。

设立人民币自由兑换试验区。建议选择与对人民币认同感较高的国家接壤的边境地区，如在广西、云南边境地区实行人民币特殊管理政策，使两地居民、两地外来居民持有的人民币资金可通过银行途径兑换为可自由兑换货币或毗邻国家货币。与此同时，对人民币兑换、跨境流动、汇率变动情况进行统计监测，以便及时、准确地掌握周边国家和地区接受与使用人民币的状况。通过试验区的运作，为人民币国际化积累经验。

国家对人民币境外流通采取鼓励和保护政策。一是在对外经济往来中主动使用人民币。在条件成熟时，中国企事业等单位在对外贸易和其他经济往来中可主动使用人民币。在发展初期，可以考虑对愿意使用人民币的外商在价格等方面酌情给予优惠。二是根据我国经济发展和改革开放的客观需要，有选择、分步骤地放宽对跨境资本交易活动的限制，将那些对促进经济增长和提高对外开放水平有积极作用，对消极影响可控的资本项目挑选出来，先行试点，逐步扩大，以促进人民币的国际化。

尽快构建人民币回流机制，增强境外持有人民币者对持有人民币的信心。如果人民币不能通过正常渠道回流到中国，那么流出的人民币很有可能通过非法渠道回流，造成“地下钱庄”和货币走私活跃，这不仅极大地威胁中国的金融安全，而且导致中国周边国家和地区也难以将人民币作为主要的区域储备货币。为此，中国政府除了扩大在边境贸易中使用人民币结算以外，还可以考虑向周边国家和地区承诺其用人民币不仅可以购买中国的商品、政府债券，也可以对中国进行直接投资。

随着中国对外开放程度的逐步加深，以强大的经济实力为后盾的人民币将更容易被周边国家接受。要加快金融改革开放和完善金融监管，就需要在中国建立一个国际性的资本市场，以扩大人民币的影响力和资本输出。目前，中国的国际货币地位与经济地位极不相符，这主要是政府对资本市场进行管制造成的。因此，必须建立一个为人民币国际化提供支撑的国际资本市场。另外，在人民币实现可自由兑换的进程中，一个不容忽视的有利因素就是香港的独特价值。如果人民币能在香港自由流通，那么金融监管当局就可以将境外流通的人民币纳入银行体系，便于其掌握人民币境外流动规模的变动，从而采取相应措施。人民币在香港的自由流通实际上是人民币可兑换性的提高，对于推进人民币的全面可兑换具有积极意义。人民币能否成为主要国际货币之一，除了全球化发展的大环境之外，最重要的是中国经济未来的发展前景、人民币的自身机制以及中国政府的战略决策。只要抓住经济全球化的机遇，成功推进金融开放，人民币必将成为主要的国际货币之一。

4. 审慎地加速资本市场开放

资本账户开放能显著促进经济增长，而积极推进资本账户的开放是中国经济发展的内在要求。当前，中国开放资本账户面临巨大的机遇，资本账户的开放不仅可以促进国内外企业的相互投资和交流，而且通过这种投资和交流可以优势互补，学习国外先进技术，以提升中国企业的核心竞争力。另外，资本市场的开放应该致力于推动人民币的国际化，具体举措包括通过资本账户的开放建立跨境人民币使用机制。资本账户的开放有利于扩大人民币的国际使用渠道，提高人民币的国际贸易结算和支付能力，在国际资本市场中提供创新的人民币金融工具，进一步为人民币的国际化打下坚实基础。人民币成为国际货币是必然趋势，随着资本账户的开放，这一趋势将进一步加速，使人民币能够逐步实现国际货币职能。此外，开放资本账户在优化中国经济结构方面也起着很大的作用。因为，可以通过资本和劳动力转移实现从劳动力密集型市场向技术密集型市场的转型，以提高整个产品体系的附加值，并且有利于私人向海外投资，国家和公民财富的增加。

资本市场开放应当遵守以下基本原则：先流入、后流出，先长期、后短期，先直接、后间接，先机构、后个人。这一开放顺序对于能否成功开放资本账户至关重要，因此根据这一基本原则制定相关的开放步骤：在收益优先、规避风险、增量改革先于存量改革的原则下，将开放过程分为短期、中期、长期三个管制放宽阶段进行。短期安排（1~3年），放宽有真实交易背景的直接投资管制；中期安排（3~5年），放宽有真实贸易背景的商业信贷管制；长期安排（5~10年），依次审慎开放不动产、股票及债券交易，逐步以价格型管理替代数量型管制。

对于资本市场的开放第一步应该开放海外直接投资，因为中国企业进行海外投资时面临巨大的机遇和挑战。面对海外投资的战略机遇期，应该可以看到有许多机会允许中国加快海外直接投资的步伐，企业方面也迫切需要进行对外投资以消化过剩产能；庞大的外汇储备可以为满足企业这种需求提供充足的资金支持，人民币汇率的持续升值也创造了海外投资的优势，而且在金融危机的影响下，西方发达国家的金融市场亟须重新分配。海外直接投资被开放之后，会伴随着对资本市场金融服务的大量需求，因此融资问题和商业信贷管制的放宽，应该是在海外投资被开放后进行的第二步。中国应该鼓励具有真实贸易背景的商业信贷，因为这些资本与经常账户密切相关，相对稳定。中国企业在国际市场上的话语权将随着海外投资的扩大而逐渐形成，因此进一步放宽对商业信贷的管制有利于加快国际贸易的发展，能充分满足海外投资的资金需求，同时也可以促进国内金融业的国际化发展，在更大的国际市场上占有一席之地。另外，开放海外直接投资在一定程度上解决了融资问题，特别是中小企业融资问题。第三步是开放资本证券市场和房地产市场，这一过程应当遵循先流入、后流出的开放政策。不动产、股票及债券交易虽与实体经济关系密切，但是风险比实体经济大许多，这种风险主要指的是投机风险。因此，开放这部分市场一定要按照市场规律进行，从市场完善程度最高和风险程度相对较低的房地产市场开始，然后是股票和债券市场。在整个市场的开放过程中，首先应该完善国家的金融体系，增加市场的透明度，为整个资本市场的开放奠定基础；其次遵循风险由低到高的原则，审慎地开放市场，尽量降低风险；最后是管理机制逐步向价格型的管理转变。在这一过程中，可以适度地、有选择性地开放一些基于融资便利、金融创新的投融资工具，向国际化资本市场看齐。同时，在整个过程中应该时刻防范投机风险的存在，对于一些投机性强的项目可以选择不开放。总的来说，应该采取开放和谨慎并重的原则，实现资本市场的有序发展和国际化进程的有序推进。

第七章

中国—东盟建立货币联盟货币政策和财政政策协调的策略

欧元区无疑是迄今为止最成功的货币联盟，欧元区在实施货币政策和财政政策的过程中积累了大量的经验和教训，特别是在欧债危机中暴露出的问题，可以为正在进行货币一体化的国家和地区提供借鉴。

第一节　货币政策协调策略

一、欧元区货币政策经验

（一）确立了欧元区货币政策的规则和目标

欧元区货币政策的规则和目标是以一系列条约为基础确定的。1991 年 12 月，欧共体首脑会议签署《马斯特里赫特条约》（以下简称《马约》）旨在建立经济货币联盟，为欧盟成立打下了基础。1992 年 2 月，欧共体成员国签署《货币联盟条约》，规定欧共体实现货币统一，联合对外政策，统一欧盟市场，资本能在区域内自由流动。2007 年 6 月，欧盟首脑会议在布鲁塞尔决定以一部新条约取代已经失败的《欧盟宪法条约》。2007 年 10 月 19 日，欧盟非正式首脑会议在葡萄牙首都里斯本通过欧盟新条约，即《里斯本条约》，推动了欧盟制宪进程。根据欧盟各国首脑达成的框架协议，新条约不是涵盖欧盟所有法律的一部大法，而是对创建“欧洲经济共同体”的《罗马条约》（1957 年签署）和建立“欧洲联盟”的《马约》进行修改、增补的一部普通法律。

以上条约规定，欧元区国家必须严格控制财政赤字，以 GDP 的 3% 为上限，同时控制国债比例，应严格低于 GDP 的 60%。欧盟中其他未加入欧元区的国家如果想要加入欧元区，就必须满足以上条件。

以上条约同时也确定了欧元区货币政策必须达到的目标：欧共体应该

制定相同的经济政策；成立欧洲中央银行体系，该银行体系负责欧共体政策的制定，并监督执行；欧共体内实现货币的统一和货币兑换率的统一。《马约》不仅规定，“欧洲中央银行体系制定适合欧共体的政策，维持物价在一定水平内波动，促进就业和经济增长”，还从原则上确定了欧洲中央银行对货币政策的选择。人们普遍认为欧洲中央银行应该公布自己的目标区，比如通货膨胀率在0～2%算是物价稳定。这样有利于人们建立合理的预期，便于进行经济和投资决策。而对于促进就业和经济增长，则涉及对政策中介目标的选择。

（二）建立了中央银行应对非对称性冲击的货币政策机制

欧洲中央银行面临的主要问题，是在欧洲货币联盟内发生非对称性冲击的情况下，应该如何执行货币政策。欧元区很可能遭受非对称性冲击，这种冲击将如何影响欧洲中央银行的政策制定呢？图7－1和图7－2的德、法两国模型解释了该问题。

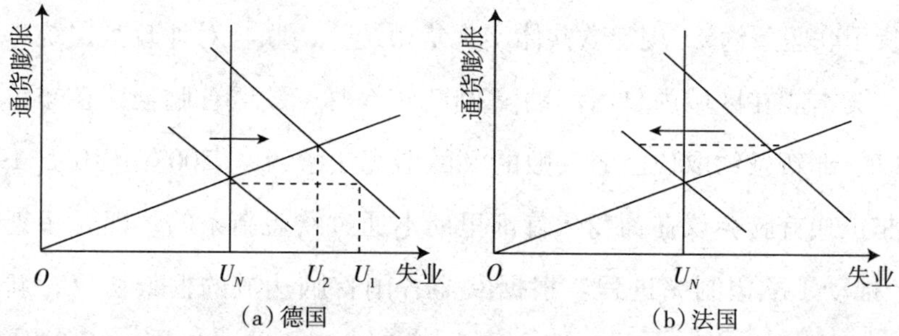

图7－1　非对称性冲击和欧洲中央银行的货币政策下德、法两国情况

图7－1显示的是非对称性冲击和欧洲中央银行的货币政策下德、法两国的情况。当欧元区内一个国家（如法国）经济繁荣，出现大幅度增长时，另一个国家（如德国）经济萧条，失业率上升，同时经济增长所带来的正向冲击抵消了失业率下降带来的负向冲击。欧洲中央银行对相关数据进行分析后结果显示，当以上非对称性冲击出现时，整个欧元区的通货膨

胀水平和失业率维持在以前的位置。因此，不需要对相应政策进行调整。但是，中央银行的不采取措施会导致失业率上升国家（德国）的失业率增加幅度，超过采取措施后得到的失业率；经济繁荣的国家（法国），经济增长率的增长速度更快。

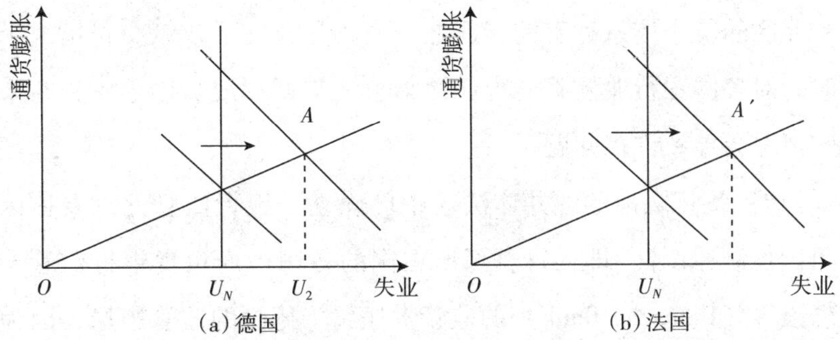

图 7－2　对称性冲击和欧洲中央银行的货币政策下德、法两国情况

图 7－2 显示了对称性冲击和欧洲中央银行的货币政策下德、法两国的情况。当欧元区内两个国家（如德国和法国）受到相同的外部冲击时，整个欧元区的失业率均在上升，此时欧洲中央银行将采取各种扩张性货币政策来降低失业率，导致德国和法国的短期菲利普斯曲线往右边移动，分别在 A 点和 A' 点重新达到均衡。

对于德国来说，以上两种情况的外部冲击虽对其产生相同影响，然而在第二种情况下，欧洲中央银行调整政策能并刺激德国和法国经济的增长，并降低失业率。

通过以上分析得出两点结论。一方面，外部冲击是否对称，决定了欧洲中央银行是否采取措施稳定遭受外部冲击国家的经济产出。在现实生活中，外部冲击往往混杂了对称性与非对称性冲击，因此对欧元区单个国家而言，欧洲中央银行不能采取有效措施抑制经济震荡。另一方面，在价格和工资具有完全弹性的情况下，要素也具有完全的流动性，如果许多国家能够组成最优货币区（从不会遭受更多的非对称性冲击的意义来看），那么欧洲中央银行缓解冲击带来的负面影响将相对容易，成员国和欧洲中央银行的冲突也相对较少。相反，若这些国家不构成最优货币区，欧洲中央银行就难以稳定各成员国的经济产出和就业率。

（三）确立了欧元区的银行监管体制

欧元区的货币体系独有的特征之一，就是在货币政策交付给一个独立机构时，对各国银行业监管的责任被牢牢地掌握在成员国手中，在未来这一特殊情况会导致许多问题。

《马约》签订之前的欧共体法规中已确立了银行监管的主要原因。一是“母国控制原因”，即银行总部所在国的各国当局负责银行监管，如对德意志银行（Deutsche Bank）的监管责任属于德国的监管当局，因为德意志银行的总部在德国。这也意味着德国当局负有对德意志银行在比利时、法国、意大利等国外分支机构的监管职责。二是“东道国尽职原则”，即东道国有责任维护本国金融市场的稳定，如法国货币当局有责任维持法国银行体系的稳定运作。这意味着法国当局必须关注所有在法国开业的银行的稳健性（包括德意志银行的法国分支机构）。

欧洲委员会于2009年9月23日正式公布欧洲金融监督体系改革的方案，成立“欧洲系统性风险理事会”（ESRB）。该理事会对金融体系中可能出现的风险进行监控，如果相关地区或国家风险显著，那么理事会将发出风险警报，并制定解决方案。2010年5月9日，欧元区17个成员国共同决定，在欧盟经济财政部部长、理事会的框架下创立欧洲金融稳定基金（European Financial Stability Facility，EFSF），向申请援助并得到批准的欧元区国家提供紧急贷款。

二、欧元区货币政策可选择工具和应对冲击时的策略

（一）欧洲中央银行的货币政策工具

欧洲中央银行采用三种工具：公开市场操作、备用便利（信贷限额）和最低准备金要求。

公开市场操作是欧洲中央银行最重要的货币政策工具。欧洲中央银行买进或卖出证券的目的在于增加或减少货币市场的流动资金。公开市场操作可以通过多种方式实现，如欧洲中央银行可以在公开市场上直接买卖证券，这是传统意义上的公开市场操作。不过，现在欧洲中央银行使用的主要技术是招标方式，被称为“主要的再融资操作”，既可以是固定利率招标，也可以是可变利率招标。在固定利率招标方式下，由总裁理事会确定固定利率水平，各金融机构进行投标。私人金融机构为获得一定数量的流动性，以提供担保品（又称“合格资产”）的方式参加投标。这些投标经各成员国中央银行收集，由欧洲中央银行汇总。欧洲中央银行先决定分配的总量，再向各投标机构按比例分摊。

公开市场操作是欧洲中央银行影响货币状况的主要工具。通过公开市场操作可以影响市场利率。此外，改变分配数量也可以直接影响流动资金的数量。

备用便利的目的在于提供或吸收隔夜流动资金。各银行可以采用边际贷款便利，从本国中央银行获得隔夜流动资金。欧洲中央银行总裁理事会固定了边际贷款利率，该利率通常高于主要的再融资操作利率1%。若各银行提供了足够的担保品，就可以根据这一便利安排无限量地向中央银行借款，边际贷款利率是隔夜市场利率的上限。同样，各银行也可以采用存款便利安排存入隔夜存款。总裁理事会也固定了存款便利的利率水平，该利率通常低于主要的再融资操作利率1%，并构成隔夜市场利率的下限。

上述两种便利安排都是由各成员国中央银行以分散的方式进行管理的。总裁理事会通过改变这两种备用便利的利率，可以影响短期利率结构。

最低准备金要求，是欧洲中央银行的第三种货币政策工具，也就是规定商业银行的最低准备金要求。通过控制准备金要求，使欧洲中央银行可以影响货币市场状况。如果提高准备金要求，就增加了流动资金的不足，进而有助于降低货币供应量。

采用最低准备金要求，是由德意志中央银行极力推动的，但遭到各商业银行的强烈反对。它们认为这会使其在与外国（如英国）商业银行的竞争中处于不利地位，因为这些外国商业银行不受法定准备金要求的约束。为缓解这一矛盾，欧洲中央银行决定对最低准备金进行补偿。

欧洲中央银行并不是将最低准备金要求作为一项货币政策工具，而是被用来平滑短期利率的波动。商业银行通过计算每日的平均储备率来确定最低的储备额。这便于商业银行有机会平抑临时性的流动资金短缺。

从欧元区建立和运行的情况看，欧洲中央银行在欧元区实施的统一货币政策是成功的，基本实现了欧元区建立的目标。第一，物价稳定。欧洲中央银行多次明确表示，其主要任务是确保物价稳定。的确，无论从历史的纵向比较，还是从国际的横向比较，欧洲中央银行在维持物价稳定方面都取得了不错的成绩。1999 年和 2007 年，欧元区平均通货膨胀率分别为 2.0% 和 1.6%，远低于德国同一时期的平均水平和美国通货膨胀率（2.7%）。第二，投资稳定。欧元的诞生还消除了欧元区内企业货币的兑换成本和汇率风险。这为企业在欧元区进行贸易和投资奠定了稳固的基础。德国工业联合会表示，欧元的推出消除了企业的交易和套期保值成本，仅这一项就推动外贸收入以平均每年 0.5% 的速度增长。第三，稳定的利率水平。《欧亚经济联盟条约》确定了经济和货币的最终目标，通膨率在 2% 以下，财政赤字低于 GDP 的 3%，公共债务低于 GDP 的 60%。因为欧洲的通货膨胀率很低，每年一般在 1.5% 左右，通货膨胀低导致利率低。由于欧洲央行的政策，第一经济体德国因较低的通货膨胀率得以享受相对其他经济体较低且稳定的利率水平。第四，刺激了欧元区内的贸易。欧元更重要的更直接的作用是，刺激欧元区贸易的预期基本实现。欧元区贸易占欧元区 GDP 的比例从 1999 年的 27% 左右上升到了 2006 年的 32%。贸易通常会和直接投资形成相互效应。欧元区统计局数字显示，1999 年以来欧元区直接投资强劲增长，直接贸易投资规模占 GDP 的比例从 2001 年的 23.4% 上升到了 2006 年的 31.0%。第五，欧元成为世界主要储备货币。根据德意志银行的研究，近些年欧元在欧元区与第三国贸易结算中所占比例不断上升（平均水平为 60%）。德国对欧元区以外的出口中有 80% 以欧元进行结算，13% 以美元结算。除了伊朗以欧元进行石油结算外，其他石油和大宗商品贸易均以美元结算，并且欧元已经成为全球范围的流通货币。根据流通货币价值计算，欧元在 2006 年首次超过了美元。2007 年末，全球流通中欧元的价值为 6970 亿欧元，美元的价值为 5250 亿欧元。纸币占流通中欧元的比例超过了 97%，占美元的约为 99%。第六，维护了欧洲的安全和稳定，促进了欧元区和欧盟的扩大。欧洲中央银行接管了欧元区成员国的货币自主权，制定相关政策稳定欧元区的整体物价水平，提高整个区域的经济增长率，降低失业率。《马约》使欧洲各国逐渐联合成一个特殊的联合体，不仅对欧洲经济一体化进程产生重要影响，起到决定性的推动作用，而且对国际货币体系的重构具有深远意义。

（二）欧元区统一货币政策策略和存在问题

1. 货币政策与货币政策策略

《马约》规定，在共同体内部实现商品、人员、劳务和资本的完全自由流动，各成员国货币之间保持不可调整的固定汇率，最终达到统一货币的目标。欧洲中央银行应该对欧元区各国的财政政策进行必要的协调，完成欧洲市场的统一。在此背景下，制定适合欧元区各成员国共同的有效的财政政策与货币政策以实现共同目标。在财政政策方面，要采取强化市场机制的竞争政策和措施，采取促进优化经济结构和地区发展的共同政策，加强宏观经济政策协调，制定针对预算政策的有关限制性条款；在货币政策方面，规定各成员国的货币兑换率，成立欧洲中央银行体系，制定和实施统一的货币政策，实现货币的完全可自由兑换。资本交易完全自由化，银行业和其他金融市场实现完全一体化。

欧洲中央银行体系的目标是维持物价稳定，在不偏离稳定价格这一主要目标的情况下，维护欧盟的总体经济政策。在制定目标过程中，欧洲中央银行体系必须按照自由竞争的开放市场经济原则行动，这有助于资源的有效分配。因此，像其他中央银行一样，欧洲中央银行体系也将面临从政策行为到价格变化的复杂传递过程，这个传递过程将由一系列相互联系的、具有较长且可变时滞效应的渠道组成。考虑到所有有关未来价格变动的预期信息，以及为保证最终目标的实现而采取的阶段性行动，以价格稳定为最终目标的决策者必须具有前瞻性并能先发制人。另外，为了保证决策过程的长期可靠性和一致性，欧洲中央银行体系也需要制定一个清楚的框架，以指导它的货币政策工具达到最终目标。在一些国家，这个运行框架涉及一系列中间标的，如货币或汇率标的等；在另一些国家，则根据通货膨胀在指导决策时的重要性原则，正在取得有关直接控制通货膨胀标的的经验。

为了达到价格稳定这一最终目标，欧洲中央银行体系必须制定一项货币政策策略。货币政策策略可以定义为中央银行为了达到最终目标而决定怎样行动所依据的一系列程序。一般而言，它包括两个方面：一是中央银行内部的决策过程，二是向公众提供货币政策运作的一些情况。

为了实施货币政策策略，欧洲中央银行必须处理一系列问题，如有关变量的选择、标的作用范围的大小、欧洲中央银行对偏离标的情况的应对等。与普通公众的交流对货币策略而言也很重要。根据目前各成员国中央银行的实践，欧洲中央银行体系与公众的交流策略应包括以下因素：公布欧洲中央银行体系政策标的，以便及时了解偏差的详细情况；定期向公众公布有关货币政策的资料数据及其分析；对于政策标的偏差情况的解释，欧洲中央银行的政策反映。

实现通货膨胀目标，有两种货币政策策略，即货币标的和直接通货膨胀标的。为了实施货币政策策略，欧洲中央银行体系需要依赖一系列货币政策工具和程序。这些政策工具和程序结合在一起，便构成了它的运行框架。这个框架必须使欧洲中央银行体系既能有效控制它的运行标的，标的通常是短期利率，也能够发出充分、准确与可鉴别货币政策意图的信号，并有能力提供基本的重新筹资、吸收流动资金和影响与欧洲中央银行体系相关的银行系统的结构性头寸。这个运行框架还必须能帮助控制货币总量，并能从市场发展中获得足够的信息，同时使支付系统顺利地运转。除了必须保证上述功能的有效执行以外，在选择运行框架时还必须遵守以下基本原则：市场法则、公平原则、简单节省费用原则、分权原则、连续性原则，以及与欧洲中央银行决策系统的协调一致原则。必须指出的是，在需要的时候，欧洲中央银行理事会有权对欧洲中央银行体系货币政策操作实施中的工具、条件、标准及程序进行改动。

2. 欧元区货币政策存在的问题

欧洲中央银行体系单一货币政策存在以下问题。

第一，欧洲中央银行权力与欧元区各国家主权的协调问题。从政治角度来看，欧洲中央银行的某项决策与欧盟的某国利益相矛盾，甚至损害该国利益时，便存在对本国利益与欧洲统一利益的协调，其难度可想而知。欧洲中央银行并不具有超越欧洲各国政府之上指挥各国的最高权力。如果欧洲中央银行不具有这种权力，那么谁具有这种权力，是全体欧洲利益和意志的代表者，是最高决策者呢？依靠各国派代表坐在联席会议的圆桌前，通过无休止的讨论和协调实现对整个欧洲的决策，其难度也十分艰巨。

第二，欧洲中央银行在稳定欧元币值方面有许多难以解决的矛盾。正如前面的分析指出，劳动力不可能在各国间完全自由流动，这会阻碍货币政策的效果。由于缺乏工资和价格自动调整的市场机制，欧洲各国普遍实行高福利的社会政策，各国经济发展水平又有显著差异，因此当危机到来时，工资和价格的刚性就会使经济总量、经济结构无法及时调整。

第三，在外部冲击下，欧元区各国同样有可能面临外部的非对称性冲击，而这些国家由于已经将货币政策和汇率政策交给了欧洲中央银行和欧盟理事会，货币政策也受到《马约》和《稳定与增长公约》规定的限制，同时劳动力又缺乏必要的流动机会。因此，各国实际上丧失了自己的协调手段和能力，对于外部非对称性冲击的协调将是联盟在制定区域内货币政策和经济政策时，尤其需要关注的突出问题之一。

三、中国—东盟建立货币联盟过程中的货币政策协调策略

欧元区自诞生以来货币政策执行的经验和教训，为建设中国—东盟货币联盟过程中货币政策的协调和运行提供了极好的参考。中国—东盟国家建立货币联盟将是一个漫长的动态进程，本身具有长期性、渐进性的特征，因此货币合作也要遵循循序渐进的原则。结合目前中国和东盟货币合作的进展，中国和东盟的货币政策协调可以考虑采取以下四种方式进行。

（一）建立一个由自由贸易区各成员国政府组成的、负责地区协调的常设机构

借鉴欧盟一体化的经验，中国—东盟自由贸易区可以设立一个与欧洲经济共同体职能类似的，由各国政府组成的常设机构负责协调自由贸易区内的货币政策、财政政策和其他政策。在自由贸易区设立一个常设机构，可以为各成员国之间建立一种协调经济政策和解决争端的常态化磋商机

制，以弥补定期会议在解决争端上不够及时的缺陷，各成员国可以通过这一平台及时进行磋商，从而避免争端的扩大化。

在这个机构中可以考虑设立一些类似欧共体下设机构的组织，负责自由贸易区不同领域的协调工作。①理事会，是区域的最高决策机构，负责自由贸易区政府间的合作，由各参与国部长参加，负责内部建设和对外关系并制定大政方针。②委员会，是常设执行机构，下设各专门委员会，负责实施自由贸易区的各项条约和理事会做出的决定，向理事会提交报告和建议，处理日常事务，代表自由贸易区进行对外联系和贸易等方面的谈判。委员会成员由各成员国派代表组成，有一定的任期。③监督机构，负责对各机构的工作进行监督，审查收支状况并确保各机构对财政进行正常管理。

设立常设机构对促进中国和东盟国家经济政治一体化，加速中国和东盟货币联盟的建设具有极其重要的作用。可以积极推进消除各成员国之间的贸易壁垒，建立一个单一的对非成员国的商业政策，最终协调成员国之间的运输系统、农业政策和一般经济政策。取消私人和政府采取的限制自由竞争的措施，保证成员国之间劳动力、资本和工商企业家的流动性，促进区域一体化进程。在成员国内消除所有的内部关税，对外统一关税，使自由贸易区成为统一的大市场，加速经济发展和建立货币联盟的进程。

（二）确立信息沟通与经济政策协调机制

就中国—东盟自由贸易区各成员国来说，货币政策合作可以化解风险，在一定程度上预防金融危机的爆发。由于金融危机容易在区域内爆发，同时具有很强的传染性，所以各国只有通过合作分享经济信息，监测经济变化，采取协调的经济政策，才能防范金融危机的重演。

在当今国际经济局势下，货币同盟区域应该首先协调金融监管政策与货币政策。货币同盟区成员国使用货币政策增减国内货币供应量，或者在调节利率之前相互告知，这样有利于其他国家及时制定应对政策。各国应提高金融数据的公开程度，使之更为透明化，同时加大对高杠杆运作方式金融机构的监管力度。从长期看，区域内各国应该建立环境相似的投融资市场，建立无缝隙大市场，从而降低小规模金融体系特有的不稳定性。只有区域内各国的信息易于沟通，同时配合相应的政策协调，才能使货币联盟成功运行，但是政策协调的实现还需各国的多方努力。

（三）扩大区域性融资便利机制并使其制度化

中国和东盟各国积极推进在货币方面的合作，目的是使各成员国能更有效地防范金融风险，进而化解金融危机。当东盟的大部分国家所处的经济环境发生改变时，若存在资本大量流入该国再从该国流出对经济产生冲击的情况，则大部分国家均不能做出有效应对，更不用说通过政策措施制止危机向各方扩散，这是由 1997 年亚洲金融危机对经济产生的严重影响所证明的。虽然国际上某些金融机构对遭受金融危机的国家进行了救援，但是救援措施的效果并不令人满意。若危机发生时存在最后贷款人，并具有区域性的特点，则可以利用其应对来自外部的冲击。要实现这一目标就必须建立能够为经济体提供所需要的紧急融资和方便有效的运行机制，将这一机制与国际金融组织提供的经济救援机制相结合，对其不足进行补充。

在现有中国和东盟货币合作框架下，不断修正和改进多边货币互换体系，使其不断得到完善。在区域内部实施双边货币互换，并将这一安排不断发展和完善，在区域内建立能覆盖全区域的多边货币互换体系。建立这一体系后各经济体获得的益处是来自各成员国提供的多边互换资金，可以使在双边互换背景下由贷款需求带来的资金压力得到有效缓解，借款国能够获得使用统一互换资金带来的融资方面的巨大便利。区域内制定的互换安排具有统一性，这样“一揽子”援助提供给成员国时将更加方便，且能够直接防止金融危机在区域内的传播。成立一个区域性的机构，负责对采取紧急融资和实施危机救援进行协调和统一管理。该机构的职能主要是作为具有区域性质的最后贷款人为整个区域服务，负责提供资金和管理资金，对采取的危机救援措施进行调节和管理。它要有效实现上述职能，只有同时承担对各个国家宏观经济政策的协商和调节，对信息披露设立严格的制度，有效约束各国经济政策纪律，对各个国家经济的走向和国际贸易收支情况进行监管等责任，才可能在预防金融危机和在金融危机发生后进行救援时采取协调一致的措施。建立一个用于防止和调节货币危机，调节成员国国际贸易收支不平衡的正式制度框架，这样不但能够提高防范危机和实施救助机制的运行效率，而且能够减少各成员国合作行动不一致所造成的成本，同时可以推动中国和东盟各国的政治协调，所以这是中国和东盟国家在货币方面进行合作所能采取的一种具有现实性的选择。

（四）逐步改革现有的汇率制度安排，为构建区域货币体系做准备

中国和东盟多个国家实行的钉住美元的汇率制度存在一定缺陷，不符合最优汇率制度应该具备的标准。该汇率制度不如直接采取区域内单一货币，而区域外部实施浮动汇率的制度，因为前者易使经济遭受投机性冲击。现在，中国和东盟的内部条件还不符合建立单一货币区的条件，这一目标在短时间内实现的可能性很小。然而，对于中国和东盟国家来说，已具备一定条件开展一定程度上的关于汇率制度的区域性合作，如可以尝试安排建立中国和东盟的“货币篮子”，逐渐实现中国和东盟成员国的共同“货币篮子”，有计划地加强在汇率方面的合作。

虽然各个国家都在独立自主地钉住自己的“货币篮子”，但采取这种方式是有缺陷的。按照当前中国和东盟各国自身的经济发展情况，如果采取这一制度不仅无法规避投机需求对经济产生的冲击，应对金融危机，而且当双边汇率发生波动时，该制度很难消除由其带来的影响，因此这种汇率制度不是中国和东盟各国未来应该长期保持的汇率制度。中国和东盟各国可以采取钉住“一篮子”共同货币来消除前面各自为政的方式所带来的不稳定性，使中国和东盟内部价格环境保持稳定，所以这是一种可以选择的、具有可行性的汇率制度。该选择不仅能够借助中国和东盟内部各成员国之间的稳定汇率，抵销由于大国之间因为各种因素导致的汇率波动，对不同国家自身竞争力产生不同的影响，有助于保持区域内部价格稳定，还可以通过共同对外汇市场采取干预措施来防止投机对经济产生的冲击。同时，可以保持中国和东盟内部货币的稳定性，帮助中国和东盟各国发展各自经济的外向型部分。鉴于中国和东盟各成员国的经济发展状况各异，情况较为复杂，各个国家采取钉住“一篮子”共同货币较为容易实现，所以实施时应考虑各国的实际经济状况，选择与其经济情况比较适合的“一篮子”共同货币，以此为基础逐步实现和深化东盟在汇率方面的合作。

中国和东盟国家的汇率政策协调可以考虑从以下几个方面展开。①以各成员国的汇率制度为基础，加强各成员国之间在汇率方面的协调，保持区域内部各国之间的汇率具有相对稳定性。在本阶段协调汇率的政策应该是以将各国联合起来对外汇市场采取干预作为主要手段，短期区域性融资体系可以起到一定效用。当条件逐步发展到允许时，应考虑在区域内部建立双边汇率稳定的目标区。②各成员国根据自身经济特点，逐步放弃原来的汇率制度，建立独立自主的钉住“一篮子”货币的汇率制度，使各成员国依旧保持协调汇率的政策。③以各成员国独立自主的钉住“一篮子”货币的汇率制度为基础，建立位于次区域水平上的钉住“一篮子”货币的汇率制度，此时次区域内部既可以选择保持之前的协调，也可以选择建立具有一个汇率的目标区，该目标区具有某种宽松性。④当前一阶段完成后，再一步步将次区域内部固定汇率制度建立起来，且在东盟内部逐步加强次区域内部经济体之间在汇率方面的合作，实现在东盟内部钉住“一篮子”共同货币，以此建立统一、合适的汇率机制。⑤统一、合适的汇率机制运行一段时间后，伴随着经济发展和一体化水平越来越高，能够考虑用单一货币作为共同货币，并建立统一的、负责管理货币的机构，使各成员国采取统一的货币政策，保持稳定的内部相对价格，利用与区域外国家采取浮动汇率来保持其汇率制度的灵活性。

由上述分析可知，中国和东盟国家在区域货币政策协调方面能够实施的主要合作内容为建立负责区域协调的常设机构，加强信息沟通与经济政策协调，建立覆盖全区域的可以实现紧急融资的反应机制，改革区域内各成员国现有的关于汇率制度的安排。由于区域之间采取合作在本质上是区域内各成员采取整体行动，因此要很长时间才能实现。以上合作需要经历较长的时间，在实施合作时可以将建立机构、实施政策方面的协调和创立适合的制度这三者结合起来，同时在小范围实施高层次的合作，在大范围实施初级水平的合作。

第二节　财政政策协调策略

由于欧元区各经济体原有的内在问题及其制度缺陷，使欧债危机不断恶化，并远远超出了欧盟的自我约束和市场的预期。这一债务问题产生的结构性原因是，欧盟各成员国的经济结构存在很大的不均衡性，部分成员国的财政状况持续较差，财政纪律长期松弛。在制度方面引发这一债务问题的根本原因是，欧元区实施的财政政策是由各成员国自行制定的，而货币政策则是统一制定实施的，这种方式使二元结构产生矛盾。欧元区各成员国政府的公共债务一直处于高位而无法下降，主要是因为各成员国都采取扩张性的财政政策，以应对由实施统一货币政策造成的经济不稳定，并用于促进实现经济增长和降低失业率。

一、欧债危机中财政政策的经验和教训

《马约》规定了欧元区各国的赤字及债务指标。参加货币联盟的各国年度财政赤字必须控制在国民生产总值的3%以内；国家债务总额必须限制在国民生产总值的60%以内。具体规定如下。第一，各国必须以实现预算平衡为目标。第二，预算赤字超过GDP 3%的国家将被罚款，这些罚款可达GDP的0.5%。第三，若被罚款的国家出现意外情况，也就是说出现自然灾害或某一年度GDP下降超过2%，则免于罚款。那些GDP降幅在0.75%～2%的国家则不适用意外情况。一国是否被罚款，由欧盟各国财政部部长共同决定。这说明如果对那些超过标准的国家实行罚款，则要经欧

洲部长理事会的批准。

赤字、高负债政策极易导致通货膨胀，过于依赖外债的经济增长会使外汇储备下降至难以抵制游资冲击的水平，直到出现债务危机并引发货币危机。因而，《马约》对货币联盟参加国债务和赤字水平的限制是走向经济趋同的必备条件，也是其他欧盟国家加入欧元区所必须达到的标准。为此，没有达标的国家均采取了严厉的财政紧缩措施。例如为削减赤字，1997 年意大利政府在收入税外另增 1.5% ~3% 的“欧洲税”，创收 550 亿马克，降低了财政赤字。同年，西班牙宣布在 4 年内使其全部国有企业私有化，从而在政府债务中砍掉国有企业债务，减轻负债压力；另外，提高税收的预支款项，使财政再增收 120 亿比塞塔。这些都反映了欧盟国家为达到经济趋同做出了艰苦努力。

关于货币联盟内的财政政策，最优货币区理论认为：第一，各经济体的经济可能遭遇负面冲击，欧元区内各成员国应将政府获得的预算收入中的较大部分交由管理部门统一管理以实现预算集中化，从而使遭遇冲击的成员国拥有获得自动来自转移支付方面的收入，降低各经济体由于成为货币联盟成员而产生的成本。第二，如果在货币联盟内无法实现各国政府预算的集中（如目前欧洲货币联盟的情况），那么各国的财政政策应更具有弹性。也就是说，当各国受到负面冲击时，应允许各国通过内在的（或自动的）预算稳定器（降低政府收入，增加社会支付）扩大预算赤字。

2009 年底，欧元区发生债务危机的几个国家的财政赤字均高于 6%，这一债务风险是由 2008 年起源于美国的次贷危机所造成的全球范围内经济的衰退引起的。对此，欧洲各国利用本国政府巨大的财政支出应对经济衰退所带来的系统性风险，其中一些国家由于财政方面长期存在问题，导致赤字控制失效。

从 2009 年底开始的欧洲主权债务危机，反映出欧元区财政政策存在如下问题。第一，货币制度与财政制度不能统一，协调成本过高。根据有效市场分配原则，货币政策服务于外部目标，主要维持低通货膨胀，保持对内币值的稳定；财政政策服务于内部目标，主要着力于促进经济增长，解决失业问题，从而实现内外均衡。欧元区一直以来都是世界上区域货币合作最成功的案例，然而2008年美国次贷危机的爆发使欧元区长期被隐藏的问题凸显。欧洲中央银行在制定和实施货币政策时，需要平衡各成员国的利益，导致利率政策调整总是比其他国家慢半拍，调整力度也不到位。在统一货币政策应对危机滞后的情况下，各国政府为了尽早走出危机，只能通过扩张性的财政政策调节经济，使许多欧元区成员国虽然违反了《稳定与增长公约》中公共债务占GDP比重上限60%的标准，但是并没有得到真正意义上的惩罚，由此形成了负向激励机制，加强了成员国的预算赤字冲动，使道德风险不断加剧。具体传导路径为突发美国次贷危机，货币政策行动滞后，财政制度的不统一造成各国通过扩展性财政政策刺激经济，主权债务激增，财政收入无法弥补财政支出。在这种情况下，暴露出欧元区统一货币政策与各国实施财政政策之间的矛盾，这一矛盾的激化导致了欧元区的主权债务危机。欧元是超主权货币，统一采用欧元的各国政府在货币政策方面不具备独立实施的权力，是由欧洲中央银行（EBC）进行制定的，是统一的。因此，各国对自己的利率没有自主权，对汇率没有调控能力，而国家债务在很大程度上可以通过通货膨胀和汇率下调的方式削减还债压力，但是欧元区内各成员国却不能以这种方式解决问题。欧元区制定统一的货币政策存在较大程度的不合理性，因为其货币政策的实施目标只有一个，即控制通货膨胀。欧洲各国的国情具有一定的差异性，这种差异性未被充分考虑，因此造成了各成员国实施的财政政策和欧元区实施的货币政策之间不是协调一致的，且存在相互矛盾的方面，监管力度比较弱。

第二，欧盟各国的劳动力无法自由流动，各国不同的公司税税率导致资本的流入，从而造成经济的泡沫化。蒙代尔最初的最优货币区理论是以生产要素的完全自由流动为前提的，并以要素的自由流动代替汇率的浮动。一方面，欧元体系只是在制度上放松了对人员流动的管制，而由于语言、文化、生活习惯、社会保障等差异，欧盟内部的劳动力并不能完全自由流动。从各国的失业率水平来看，德国年失业率已在7%以下，低于危机前水平，但是西班牙的失业率高达21.2%。另一方面，欧盟国家只统一了对外关税税率，并没有统一各国的公司税税率。目前法国的公司税税率最高为34.4%，比利时为34.0%，意大利为31.0%，德国为29.8%，英国为28.0%，其他边缘国家及东欧国家的公司税税率则普遍低于20%。这些税率较低的国家也是劳动力比较充足的国家，资金和劳动的结合使这些国家的经济不断膨胀。资金主要投入支柱性产业，如加工制造业、房地产业和旅游业，从而导致了国内经济泡沫化。

第三，导致债务问题产生的深层原因是欧元区部分国家（西班牙、葡萄牙、爱尔兰、希腊和意大利）的内部经济失去了均衡，处于失衡状态。例如，西班牙的经济增长虽然十几年来比欧盟整体的平均值高，但目前其经济由快速增长变为严重的衰退，表现为失业率快速增长，财政赤字不断加大，比欧盟设定的财政赤字的上限高出很多；葡萄牙的经济从20世纪开始的十年增长快速回落，人均国家生产总值比欧盟总体的平均值低1/3；爱尔兰的经济在这次危机之前的两年开始衰退，国民消费和政府能获得的税收均因为房地产泡沫的破灭而受到了较为剧烈的影响；希腊的经济问题更为严重，财政赤字居高不下，政府从业人员数量众多，国内收入的40%被用于公共建设，国内税收存在大量偷逃税行为，与此同时私人部门也存在着很大的赤字，由于经济衰退导致政府收入的不断减少，使希腊的经济问题越来越严重；意大利的国内情况虽然好于上述国家，但其经济发展速度较为缓慢，且国内的失业水平很高，税收负担很重，这些都严重影响其经济。

第四，欧元区爆发债务危机制度方面的原因是，欧盟的内部结构与外部结构存在矛盾。欧盟内部各成员国劳动力的生产效率和竞争力之间的差异在不断加大，欧盟中希腊、意大利等处于危机中的国家与欧盟出口大国荷兰、德国等之间的经常项目存在巨大的失衡。以希腊为代表的欧盟中状况最差的国家，其经济在贸易方面的赤字巨大，且经常账户也出现了赤字；而经济状况较好的荷兰和德国在对外贸易的经常项目方面基本保持着顺差。欧盟成员国与外部国家也存在结构方面的矛盾，希腊等的国内工会组织和各政党为了各自利益对国家施加压力，使工资水平及总体的社会福利待遇过高。随着，国内人口老龄化数量越来越多，使政府在这方面耗费的财政支出越来越大，且雇佣国内劳动力进行生产的成本也越来越高，从而与世界其他劳动力价格比较低的国家竞争时处于不利地位。长期的结果是政府收入减少而支出增加，政府的债务负担因此节节攀升，且外债也在不断上升。

为了化解危机，欧盟制定了一系列措施，主要包括：在2012年6月底前将欧洲主要银行的核心资本充足率提高到9%；此外，欧元区领导人还敦促意大利加大力度增加财政收入，实施进一步的经济改革；欧盟与银行达成协议，允许对希腊债务减记50%；欧洲金融稳定工具（EFSF）规模扩充至1.4万亿欧元；欧元区各成员国承诺遵守新的更加严格的财政纪律，并将其写入欧盟条约。

二、财政政策纪律和应对冲击时的策略

（一）货币联盟进行财政政策协调的收益

共同财政政策有利于共同货币的形式，因此集中的财政政策是可取的，因为这样可以导致风险分散，各部分方差降低，从而使非对称性冲击的总和方差也降低。

1. 货币政策协调的收益分析模型

贝尔克和格罗斯（2009）提出一个分析货币联盟财政政策协调收益的

简单模型，以一个由两国构成的货币联盟为例，可以用以下简化模型表示。

$$y_t = -\alpha i_t^e = f_t = \beta y_t^* \quad (7-1)$$

$$y_t^* = -\alpha i_t^e = f_t^* = \beta^* yt \quad (7-2)$$

$$m_t^e = \Phi y_t + (1-\Phi) y_t^* - \delta^{-1} i_t^e \quad (7-3)$$

其中，y_t 表示收入变量；f_t 表示一个需求冲击（这里意味着一个错误的财政政策）。带有 * 的代表外国变量（或者货币联盟内的其他国家）。参数 β 和 β^* 表示对伙伴国的边际进口倾向。货币供给 m_t 和利率 i_t 有上标 e，因为在共同货币区内只有一种利率和一种货币政策。方程（7-1）和方程（7-2）代表传统的 IS 曲线。δ 代表货币需求利率弹性的倒数。参数 Φ 和（$1-\Phi$）是在整个货币联盟范围内货币总需求两国的权重（假定与它们的经济权重相关）。

在简化模型下可以分析需求冲击的溢出效应（如财政政策），结果能够从求解两国收入模型中得到。将方程（7-3）代入方程（7-2）得

$$y_t^*[1+\alpha\delta(1-\Phi)] = (\beta^* - \alpha\delta\Phi) y_t + \alpha\delta m_t^e + f_t^* \quad (7-4)$$

用相同的方法，将方程（7-3）代入方程（7-1）得出一个基于本国的类似方程。本国收入的解如下：

$$y_t[1+\alpha\delta\Phi] = [\beta - \alpha\delta(1-\Phi)] y_t^* + \alpha\delta m_t^e + f_t^* \quad (7-5)$$

替换外国收入得出一个更加复杂的表达式，其中只包括 y_t。

$$y_t[1+\alpha\delta\Phi] = \alpha\delta m_t^e + f_t +$$
$$[\beta - \alpha\delta(1-\Phi)][1+\alpha\delta(1-\Phi)] - [(\beta^* - \alpha\delta\Phi) y_t + \alpha\delta m_t^e + f_t^*]$$
$$(7-6)$$

解 y_t 得

$$y_t = \frac{[1+\alpha\delta(1-\Phi)]f_t + [\beta - \alpha\delta(1-\Phi)]f_t + (1+\beta)\alpha\delta m_t^e}{1-\beta\beta^* + (1+\beta)\alpha\delta\Phi + (1+\beta^*)\alpha\delta(1-\Phi)}$$

简化后的解如下：

$$y_t = \frac{[1+\alpha\delta(1-\Phi)]f_t + [\beta-\alpha\delta(1-\Phi)]f_t^* + (1+\beta)\alpha\delta m_t^e}{\Delta} \tag{7-7}$$

方程（7－7）表明外国需求冲击对本国收入的影响，符号取决于方括号乘以 f_t^* 表达式的符号。鉴于表达式分母 Δ 是正的，因此只有在直接需求效应 β 比利率效应 $\alpha\delta(1-\Phi)$ 大的情况下，溢出效应才是正的。如果这两种效应被证明是相等的，则任何溢出都是不存在的。相对利率效应依赖于外国需求冲击的规模大小（或货币联盟的其余部分）$(1-\Phi)$，乘以产出的货币需求利率弹性倒数和最终需求的利率弹性。

然而对于一国而言，这只是货币联盟的一小部分，β（来自货币联盟内其他国家的边际进口倾向）和 $(1-\Phi)$ 看起来可能数值很大，但这两个参数同方向变化，因此不能简单地假定溢出效应会随着国家的大小而改变符号。但是，实际上从区域的贸易融合方面看，成员国之间存在巨大的差异（在新成员国内甚至差异更大）。因此，对于那些同区域内进行地理贸易（或者专门生产特定产品）的国家而言（如比利时对希腊），正溢出效应会更高。溢出效应的绝对值也受分母的乘数影响，由于 β，$\beta^* < 1$ 总为正数，所以随 β 的增加而增加、减少而减少。

方程（7－7）中需求冲击的影响是基于货币联盟范围内货币供给不变的假设。这符合欧洲中央银行根据德国中央银行政策制定的货币供给目标。如果欧洲中央银行以利率为目标，那么溢出效应会是正的，因为高利率并没有补偿影响。但是，可能发现在整个联盟会形成价格上涨的压力。因此，即使没有一个正式的货币供给目标（只有一个参考值），如果使用扩张性的财政政策，中央银行也很可能上调利率。

2. 溢出效应和财政政策协调机制的可取性

通过这个简化的模型，我们可以计算出本国产出的波动是如何被本国及外国需求冲击的方差和协方差影响的。

为了简化，在此假设两种冲击都是正态分布的标准差 δ（和 δ^*）和协方差（f, f^*），国内产出的方差为

$$Var(y_t) = \Delta^{-2}\{[1 + \alpha\delta(1 - \Phi)]2\sigma^2 + [\beta - \alpha\delta(1 - \Phi)]2\sigma^{*2} + 2[1 + \alpha\delta(1 - \Phi)][\beta - \alpha\delta(1 - \Phi)]cov(f, f^*)\} \quad (7-8)$$

假设两国在财政政策上有犯同样错误的可能性，两国的标准差应该相等，至少当两国规模相同时成立（如为0.5）。在表达式中，关键因素是协方差的大小和符号，和与协方差相乘的变量。例如，$[1 + \alpha\delta(1 - \Phi)][\beta - \alpha\delta(1 - \Phi)]$。

如果需求冲击的溢出效应是正的，如方括号内第二个表达式是正的，外国和本国冲击间有一个高的（正的）协方差，就意味着一国国内产出的波动大。由此断定在共同货币区内，财政冲击相关性增加，收入波动增加。

如果溢出效应的符号改变，那么这个结论也会改变，是否需要更多的财政政策协调机制，关键取决于财政政策的溢出效应。一些国家从国际政策协调中获得福利收益的计算表明，来自政策协调的收益不是完全确定的。通过上面的模型评估货币联盟内成员国间的国家溢出效应的符号和量级，也是可以用来分析财政政策协调收益的，因为在货币联盟内有极高的贸易联系，需求冲击的溢出效应通常是正的。

此模型说明，一般来说，各成员国在货币联盟的财政政策协调要比独立的财政政策更好，因为这会导致风险分散。在各个组成部分之间的协方差越低，冲击总和的变化就越低。分析的结果表明，如果货币联盟的各成员国实施一种温和的反周期的财政政策协调，如《马约》规定的赤字标准，就很可能比各国独立实施的赤字财政政策更有效。因此，理论上货币联盟内应该实行统一的财政政策，而货币联盟的中央银行不管是以货币增长为目标还是以利率为目标，都将是有效的。

（二）货币联盟财政政策协调的策略

通过对欧债危机中暴露出的问题和欧盟解决欧债危机的措施进行分析，我们得出作为货币联盟财政政策实施中应注意以下问题。

第一，对各国政府的财政赤字加以严格限制。若一国政府处于债务危机，则这个国家的不良状况会传递到货币联盟的其他成员国，对其经济产生负面效应。准许债务率持续上升的国家，将不断向其所属的货币联盟构成的资本市场寻求帮助，这种行为会导致货币联盟的整体利率因救助该国而发生持续上涨。这种情况发生后，高利率会作用于联盟的其他成员国，导致这些成员国的政府债务不断增加。政府只有将实施的财政政策较以前紧缩，才能实现保持债务率持续稳定。总的来说，一国债务增加会使其他国家采取更为紧缩的经济政策，所以对每个成员国实行预算赤字规模约束的控制机制符合其他成员国的利益。

除此之外，还可能出现第二种溢出效应，即随着某个成员国不可持续的财政政策出台，货币联盟的利率会不断上升，这很可能对欧洲中央银行造成压力。受利率上升影响的国家会对其施加压力，要求放松货币政策，这样不可维持的财政政策将干扰欧洲货币政策的执行。从这个角度分析，限制政府预算赤字的规模，防止出现负面的溢出效应也符合联盟内各成员国的利益。

第二，各成员国应制定并遵守财政纪律。对财政政策施加规则的约束力与货币联盟影响各成员国政府财政纪律的方式有关。

如果各成员国政府放松对财政纪律的约束，就可能产生严重的风险。主权国家发行以本币计价的债券，此时的发行利率必须反映风险补偿的因素，其中一部分是违约风险，另一部分则是该国货币在未来贬值的风险。对大多数国家而言，虽然违约风险的可能性很小，但未来货币贬值的风险要大得多。结果，当一个主权国家的政府过量发行债券时，未来的贬值风险就会迅速增加，当局新发债券利率也会上升。因此，该国政府立刻受到市场的惩罚，要求其降低债券的发行量。这一机制在货币联盟内很可能被弱化，货币联盟各成员国政府就如同发行以“外币”计价的债券，结果将不再有贬值风险。因此，当某一成员国政府发行过量债券时，这些国家将不会有新发债券利率迅速上升的风险。但是，当一国处于债务不断上升的路径时，仍存在违约风险。如前所述，投资者也许很难准确评估这一违约风险，因为存在其他成员国隐含的紧急（融资）援助保证，可能降低了违约风险，并会刺激成员国不可维持地发行大量债券，这是一个道德风险问题。规定不允许对违约国政府予以紧急（融资）援助，这也许并不能解决问题，因为这种规定不是可信的。即使货币联盟郑重宣布从不为其成员国提供紧急（融资）援助，但当成员国出现债务违约的困境时，这些国家是否仍坚持这一规则是不确定的。这样，各成员国间缺乏相互协调，货币联盟的成立会促使各成员国增加预算赤字，进而导致债务增加。

如果实施严格的财政纪律，就会抑制成员国的这种动机，货币联盟约束了各国通过发行货币为赤字融资的能力，结果各成员国政府比主权国家面临更为“严格的”预算约束。相对来说，主权国家的预算约束较为“宽松”，因而更具有扩大预算赤字的动机。

第三，严格限制各级政府负债的规模，这一点对于中国和东盟国家都具有重大意义。尽管从地理位置上，中国距离发生主权债务的欧盟各成员国很远，有较大的空间距离，而且就目前中国经济的实际情况，虽然在近期内因为政府债务引发危机的可能性基本不存在，但是中国各地方政府由于“城中村”改造等各种公共建设也存在巨大的潜在政府负债，这一问题应该得到足够的重视。自 2008 年底美国次贷危机发生以来，中国各级政府为了防止经济受到影响，利用扩张性的财政政策，通过增加政府支出对经济实施刺激。为了应对危机，在中央政府制订了 4 万亿元经济刺激计划之后，各级政府跟随中央做出的各种投资计划总额超过 4 万亿元。正是这一财政政策的实施，使大量的财政支出导致政府负担的债务不断增加，增加的债务累积导致了很多地方政府的债务风险不断上升。截止到 2009 年 4 月，各地未偿还的地方债务总和超过了 4 万亿元。与此同时，中金公司研究出具的报告指出：到 2009 年底，中国各地政府在 2009 年新增的净贷款额大概为 3 万亿元，总额大概为 7.2 万亿元。预计接下来的两年还需要增加贷款额为 2 万亿 ~3 万亿元。而世界银行出具的分析报告与其估计的不同，世界银行统计到 2008 年底，中国各地政府贷款总额为 9 万多亿元，至 2009 年达到 11.4 万亿元，而且认为这个数值应该将中国地方政府实际负担的债务少估计了 1/5 ~ 3/10。这一额度将在随后的两年里快速增加，到 2011 年增加到 24.2 万亿元的可能性非常大。虽然不同的机构统计测算和预测的结果存在较大差异，但是中国地方政府负担的债务确实很高。由于地方政府在财政方面不是完全独立自主的，所以中国目前的财政体制决定了地方政府所承担的债务风险如果持续积累，则会向外传递，通过外溢效应导致逐渐形成私人风险，而且会作用于中央政府并逐步使其出现财政风险。中国的现状是地方政府的债务风险已经成为能够导致社会出现不稳定和经济变得不安全的因素，而不仅仅是金融风险。

根据地方政府负担的债务现状，可以通过采取下列措施进行控制。一方面，由于地方政府不断贷款增加负债，因此对形成债务问题的根本源头——原始举债加以严格的控制。因为中国目前存在大量地区建设的项目，根本不考虑当地经济条件和拥有的财力是否适合投资，这种做法引起现有信贷方面的资源被政府大量占用，市场中高比重的资源均被政府配置，在一定程度上挤出了民间投资，出现国家经济虽在不断发展进步，国内生产总值递增，但是民众的福利水平却在下降，进一步发展下去不但会出现金融风险，而且会出现财政风险。另一方面，政府进行大量的资源投入却获得非常低的收益，投资所获得的回报率处于非常低的水平。所以，对原始举债所具有的数量和规模进行严格控制，是应该进行的另一个重要环节。

在当前情况下，严格控制地方政府举债规模的核心，是对地方拥有的融资平台进行彻底有效的管理并对其进行清查。因为地方债务所获得的巨额资金是通过融资平台获得的，地方债务中超过七成的余额都来源于此。

地方上大量的融资平台是由以下两类构成的：一类是经营性的，另一类是为基础设施建设服务的。对其进行清理时，应对不同的类别采取不同的方式。

首先，平台的存在是为基础设施建设服务的，所以应当保留。与此同时，应将平台所拥有的为进行经营而存在的业务从整体中分离，使其成为专事经营的企业；若平台不具有任何实际业务，则应直接将其清理掉。在此基础上，对剩下的平台进行改造，使平台的担保不能来源于地方政府。融资平台要不断改革，从而使其有高市场化水平，同时必须借助市场机制促使平台具有高效的管理水平。另外，还需要将战略性投资引进来，从而提高平台自身拥有资本方面的实力，同时为平台在管理和人员方面补充新鲜血液。除此之外，一定要不断加强融资平台内部风险控制能力和运作机制。融资平台也属于企业的一类，与一般正常的企业相比，大量现有的平台都是在亏本运营，其获得的净现金全部来自政府手中的资金，财务风险非常大，并直接对政府产生作用，使政府进行安全运转和清偿债务的实力受到威胁。所以，融资平台内部的风险控制机制一定要建立起来。

其次，降低地方政府违约不履行偿债义务的水平。地方政府实际负担的债务风险产生于对已有债务不履行偿债义务的违约行为，这种行为的发生标志着债务风险开始不断积累，并在各方之间传导，出现债务转移。过去地方政府在对债务进行分析时，仅仅考虑自身债务所具有的规模，根本不对是否具有清偿这一规模债务的实际能力予以考虑。如果政府所负担的债务在其拥有清偿这一规模债务的实际能力范围之内，那么出现政府违约不履行偿债义务的可能性就会大大降低，也不会带来债务风险的积累和向各方传递的结果。因此，政府应该以原始举债所具有的规模为基础，在政府举借新债时，要正确分析自己清偿债务的实际能力与所负担债务规模之间的关系。政府新增加的债务能够避免违约，地方政府对自己所承担的负债清偿责任得到加强，这两者是对风险实施控制最重要的一步。

要减少地方政府债务违约行为应采取以下措施。一是使下级部门确切知道上级能对其实施救助的范围，消除地方政府对上级在心理上的依赖，形成基层政府关于救助的良好预期，迫使其在选择借债时考察自身是否具备按时偿还债务的能力，从而尽力防止债务违约的发生。二是不断提高地方政府通过各种途径筹集的资金的利用率。地方政府的债务风险有多种形式，其中效率风险是相当重要的一种，是指借债得到的资金在投资使用时效率较低，从而导致得到的资金在进行投资后获得的收益不能偿还债务本息。地方政府对举债获得资金的利用率越低，其具有的效率风险水平就越高，债务违约的概率就越大。我国当前的情况是，地方政府对借债得到的资金利用率均比较低，因为我国在制度上存在一定的缺陷，所以地方政府在找到效益高、进入壁垒低的项目时，各个地区就会同时投入资金进行建设，结果由于项目相同或相似导致各地的产业结构类似，竞争激烈，资金回报率低下。为了应对上述问题，中央政府应加大对地方政府所拥有的财政资金利用率的监督和管理，包括以下几个方面：加强对地方政府财政预算实施的管理力度，对地方政府获得的财政收入进行管理，对地方政府的预算要严格执行并设立问责制，逐步对地方政府的预算支出进行绩效测评，构建一个较为完善的绩效评价信息系统。另外，应该将来自政府体系外的控制机制引进来，使地方政府预算逐步透明，接受来自人民代表大会和审计部门的监督。

最后，不断提高地方政府对逾期债务的偿还能力。在实施前面措施的基础上，对于地方政府长期累积的已经逾期的债务应制订偿还计划，并有步骤地偿还。只有这样，地方政府所具有的债务风险才能被逐渐消除。

地方政府应增强债务偿还能力，不能依赖中央财政的救助来解决逾期债务。可行的办法是地方政府通过向广大人民群众发行地方债券募集资金，使地方政府存在的隐性债务通过这一方式显现出来，由隐性转变为显性，并逐步使地方政府摆脱过分依赖转让土地使用权的土地财政。

发行地方债券的方式也不是完美解决问题的措施，如果对其控制不当，将会使发行的债券变成一项新的债务负担。因此，中央政府在授予地方政府拥有发行地方债券的权力时，还需要对这一权力的实施进行控制。一方面，对发行地方债券的法律、法规进行修订和完善，制定地方债券法，对地方政府发行债券所必须具备的资格，申请时应具备的基本条件，申请和批准时需经过的程序，发行债券获得资金的使用范围，发行债券的规模等方面进行具体的规定；另一方面，应该在监管时引进市场机制，让市场对地方政府发行债券进行监管，利用评级系统对各个地方政府在资信方面进行评级，通过制定政策法规来规范关于披露信息的制度。

综上所述，由于财政政策的实施存在溢出效应，货币联盟的成员国通过财政政策的协调可以获得正的溢出效应，各国协调财政政策可以更好地实施统一的货币政策，因此货币联盟的成员国有必要协调各自的财政政策。中国和东盟各国在今后的货币合作中，应借鉴欧债危机的经验和教训，加强财政政策的协调，遵守严格的财政纪律，严格控制各级政府的赤字和公债的规模，从而提高各国财政政策的有效性。

参考文献

[1]BHUIYAN R. The effects of monetary policy shocks in a small open economy[J]. A structural VAR approach ,2008(1):315.

[2]SCHABERT A. Identifying monetary policy shocks with changes in open market operations[J]. University of Cologne,2003(10).

[3] AHMAD J. Is there a case for an east aslan economlc communlty?[J]. Asia - pacific development ,2005,12(2).

[4] TREMOSA - BALCELLS R, PONS - NOVELL J. Measuring monetary policy shocks in the european monetary union[J]. Applied Economics Letters, 2001(8):299 - 303.

[5] LAXTON D, PRASAD E. Possible effects of european monetary union on switzerland[J]. Journal Of Policy Modeling ,2001(23): 531 - 551.

[6] LANE P R. The real effects of european monetary union[J]. Journal of Economic Perspectives,2006,20(4): 47 - 66.

[7] DANIEL B C. Chrlstos shiamptanis,fiscal policy in the european monetary union[J]. Central bank of cyprus eurosystemworking paper series, 2009(7).

[8] FASOULA E. European monetary union and an analysis of greece's economic efforts to meet the maastricht criteria[D]. Youngstown: Youngstown State University March,2000.

[9]PARIS A L. The euro problem: and you thought the year 2000 problem

was bad[J]. Wall Street & Technology Magazine. , 1998(1).

[10] BILS M, KLENOW D J, KRYVTSOV O. Sticky prices and monetary policy shocks[J]. Federal reserve bank of minneapolis quarterly review ,2003, 27(1):2-9.

[11]EVANS C L,F T D S. Monetary policy shocks and productivity measures in the G-7 countries,portuguese economic[J]. Journal Springer-Verlag, 2002(1): 47-70.

[12]FIELDING R,SHIELDS K. Regional asymmetries in the impact of monetary policy shocks on prices: evidence from US cities[J]. University of Otago Economics Discussion Papers,2007(0702):174-178.

[13] FARIA J R, CARNEIRO F G. Does hich inflation affect growth in the long and short run? [J]. Journal of applied economics,2001,3(1):89-105.

[14] TAKEUCHI F. Measuring the costs of an asian currency unit[J]. Japan Center for Economic Research,2006(8).

[15] LEENABANCHONG C,PORNSAWANG C. The prospect of GMS as a common currency area[C]. Gmsarn international conference on sustainable development: Issues and Prospects for the GMS,2008(1).

[16]LEE M. Common trend and common currency: australia and new zealand international[J]. Internationa Journal of Business and Economics, 2003,2(2): 155-165.

[17]ROUSSEAU P L. A common currency: early US monetary policy and the transition to the dollar[J]. Financial history review,2006,3(1):97-122.

[18]GABEL M,HIX S. Understanding public support for british membership of the single currency[J]. Political studies, 2005,53: 65-81.

[19]OGAWA E,KAWASAKI K. Bond issuers' trade-off for common currency basket denominated bonds in east asia[J]. Journal of asian economics,

2004(15): 719 - 738.

[20] MERZA E, CADER H. Determining the exchange rate of the common GCC, currency under a fixed exchange rate regime[J]. International review of business research papers, 2009, 5(4): 192 - 199.

[21] Mongelli F P, Goethe J W. University of frankfurt, on the benefits and costs of a monetary union[J]. Cepr policy insight, 2010, 3(46).

[22] Road to a single currency for south asia [J]. RIS policy briefs, 2003 (9).

[23] CHOWDHURY A, CHOWDHURY S P, HAQUE S E. Prospects and possibilties of introducing a common currency in saarc countries[J]. BRAC University Journal, 2008(2)67 - 79.

[24] SOSKICE D, IVERSEN T. Multiole wage - bargaining systems in the single europeaan currency area[J]. Oxford review of economic policy, 2001, 28 (4): 435 - 456.

[25] MEP G B. The European Single Currency Bad For Britain[C]. Uk independence party, 2005.

[26] PAUDYN B, HÜEBNER K. Introduction: common markets and common currency: EU integration and its outcomes[J]. Review of european and russian affairs, 2006(2).

[27] MUSSWEILER T. Fritz strack the euro in the common european market: a single currency increases the comparability of prices[J]. Journal of economic psychology, 2004(25): 557 - 563.

[28] GAO H H, YU Y D. Internationalization of the renminbi [R]. BoK - BIS Seminar in Seoul, 2009(3): 19 - 20.

[29] JAYARAMAN T K. A single currency for the pacific island countries: a stepwise approach[J]. Asia - Pacific development Journal, 2004, 11(1).

[30] MUNDELL R. A theory of optimum currency areas[J]. The American economic review, 1961, 51:657 - 665.

[31] MCKINNON R. Optimum currency areas [J]. A merican economic review, 1963, 53:717 - 725.

[32] FLEMING M. On exchange rates unification. economic [J]. Journal, 1971(81):467 - 488.

[33] MUNDELL R. A Theory of optimal curreney areas[J]. American Economic review, 1961, 51:657 - 665.

[34] KINNON M. Optimum currency areas[J]. American Economic Review, 1963, 53:717.

[35] KENEN P B. The theory of optimum currency areas :an Eclectic view [J]. Monetary problems of the international economy, 1969:41 - 60.

[36] INGRAM, JAMESE. Commont: The Currency Area problem[J]. Monetary problems of the international eeconomy, 1969:95 - 100.

[37] SCITOVSKY, TIBER. The theory of balance of payments Adjustments [J]. Journal of political economy, 1967, 5:523 - 531.

[38] CORDEN W. Monetary integration, essays in international finance [M]. Princeton: Princeton University Press, 1972.

[39] CEOEN B. Beyond emu: the problem of sustainability[J]. Economics and politics, 1993(1):187 - 202.

[40] BAYOUMI T. A formal model of optimum currency areas[J]. International monetary fund, staff papers, 1994(12):537 - 555.

[41] GROS D. Germany's stake in exchange rate stability[J]. In intereconimics, 1996(9):236 - 240.

[42] DE GRAUWE P. The economics of monetary integration[M]. Oxford: oxford university press, 1994.

[43] SAIKI A. Asymmetric effect of currency union for developing countries [J]. Open economies review,2005(16): 227 -247.

[44] WILLETT T W. Fear of floating needn't imply fixed rates: an OCA approach to the operation of stable intermediate currency regimes[J]. Open economies review,2003(14): 71 -91.

[45] MELITZ J. The theory of optimum currency areas, trade adjustment, and trade[J]. Open economies review,1996(7):99 -116 .

[46] DEMOPOULOS G D. Conditions for optimality of a currency area[J]. Open economies review,1999(10): 289 -303.

[47] WILLETT T D. Fear of floating needn't imply fixed rates:an OCA approach to the operation of stable intermediate currency regimes[J]. Open economies review,2003(14): 71 -91.

[48] FRANCIS J,GREENE, LINDSAY, TRAVIS. Preparations for the euro by U. K. SMEs with trading links with the euro currency area[J]. Small business economics,2002(19): 307 -319.

[49] JOANNE TAN NUO ING. The possibility of an Asian monetary union drawing from the EMU experience[J]. Asia europe journal,2003(1): 381 -401.

[50] WORTHINGTON A C,KATSUURA M,HIGGS H. Price linkages in asian equity markets: evidence bordering the asian economic, currency and financial crises[J]. Asia -Pacific financial markets ,2003(10): 29 -44.

[51] CHEIKBOSSIAN G. Seigniorage, delegation and common currency: Why monetary unions may fail? [J]. Public choice ,2002(112): 305 -318.

[52] KORONOWSKI A. Divergent business cycles as an effect of a monetary union[J]. Int econ econ policy ,2009(6):103 -113.

[53] AGGARWAL R,MOUGOUÉ M. Common stochastic trends among asian currencies: evidence for Japan, Aseans, and the Asian Tigers[J]. Review of

quantitative finance and accounting,1998(10): 193 -206.

[54]FONT - VILALTA M,Costa - Font J. A note on the feasibility of a monetary area in the east asia[J]. AEJ,2006(4):53 -58 .

[55] CHEIKBOSSIAN G. When a monetary union fails: A parable[J]. Open economies review ,2001(12): 181 -195.

[56]CESARANO F, D'ITALIA B. Currency areas and equilibrium[J]. Open economies review ,1997(8): 51 -59.

[57] Demopoulos G,Yannacopoulos N. Conditions for optimality of a currency Area[J]. Open economies review ,1999(10): 289 -303.

[58] WU J,Sens S. A stochastic programming model for currency option hedging[J]. Annals of operations research,2001(100):227 -249.

[59]BEINE M,DOCQUIER F. A stochastic simulation model of an optimum currency area[J]. Open economies review,1998(9): 229 -257.

[60]CHOWDHURY A, CHOWDHURY S D,HAQUE S E. Prospects aNd possibilties of introducing a common currency in saarc countries[J]. BRAC university journal,2008, 5(2):.67 -79.

[61] JULES - ARMAND, T. Bilateral trade and business cycles synchronization: african monetary integration perspective[J]. Economics bulletin,2007, 6(25): 1 -15.

[62] OZER, Ozkan I. Optimum filtering for optimum currency areas criteria[J]. Economics bulletin ,2007,6(44): 1 -18.

[63] RAGUSEO, D. Economic trends in european union countries since the eastward enlargement[J]. Economics and management ,2007,10(2): 12 -21.

[64] 蒋天虹. 由最适度通货区理论看亚元近期实施之不可能性[J]. 嘉兴学院学报,2002(14).

[65] 克鲁格曼. 地理与贸易[M]. 张兆杰,译. 北京:中国人民大学出版

社,2000.

[66] 王志宇. 东亚货币合作:基于最优货币区指数的实证研究[J]. 中国流通经济,2008(10).

[67] 谭庆华. 对东亚货币一体化的再考察:一个基于经济冲击相关性的实证研究[J]. 世界经济文汇,2002(5).

[68] 李富有. 国家准入与平行货币梯度推进:亚洲货币合作的路径[J]. 上海金融,2005(7).

[69] 何慧刚. 东亚货币合作的模式探讨和路径选择[J]. 亚太经济,2004(4).

[70] 姜波克,杨长江. 国际金融学[M]. 上海:复旦大学出版社,2001.

[71] 戴金平,万志宏. APEC 的货币金融合作:经济与政治分析[M]. 天津:南开大学出版社,2005.

[72] 祝丹涛. 论货币同盟形成的条件[M]. 北京:中国金融出版社,2007(7).

[73] 翁贝尔托·特留尔齐. 从共同市场到单一货币:欧盟的一体化政策[M]. 张宓,刘儒庭,译. 北京:对外经济贸易大学,2008.

[74] 万志宏. 东亚货币合作的经济基础研究[D]. 天津:南开大学,2000.

[75] 刘振林. 东亚货币合作与人民币汇率制度选择研究[M]. 北京:中国经济出版社,2006.

[76] 谭毅. 国际货币合作研究:性质、意义与理论基础[M]. 广州:中山大学出版社,2005.

[77] 黄梅波. 国际货币合作的理论与实证分析[M]. 厦门:厦门大学出版社,2002.

[78] 华晓红. 国际区域经济合作:理论与实践[M]. 北京:对外经济贸易大学出版社,2007.

[79] 张雪宁. 汇率协作的理论分析兼论欧洲汇率协作变迁[M]. 长春:吉林人民出版社,2006.

[80] 吴文旭. 论欧洲货币联盟及欧元[D]. 成都:西南财经大学,2001.

[81] 李卓. 欧洲货币一体化的理论与实践[M]. 武汉:武汉大学出版社,2005.

[82] 郭敏. 欧洲货币一体化研究[M]. 武汉:武汉大学出版社,1996.

[83] 刘宁宁. 欧洲经济货币联盟政策:协调机制研究[M]. 北京:经济科学出版社,2006.

[84] 屠启宇. 制度创新:货币一体化的国际政治经济学[M]. 北京:高等教育出版社,1999.

[85] 唐文琳. 中国—东盟国际区域性金融问题研究[M]. 北京:中国时代经济出版社,2002.

[86] 范祚军. 中国—东盟自由贸易区货币合作研究[M]. 南宁:广西人民出版社,2006.

[87] 周华. 最优货币区是否内生:以欧盟为例的实证检验[J]. 德国研究,2006(3).

[88] 黄国妍. 最优货币区视角下我国货币政策区域效应研究[J]. 上海金融,2009(6).

[89] 杨浩. 最优货币区视角下的中国货币政策区域效应分析[J]. 广东金融学院学报,2009(1).

[90] 陈小凡. 最优货币区内生性假说“争议”探析:F&R 内生性假说和 Krugman 专业化假说的对立与并存[J]. 当代财经,2006(4).

[91] 孙磊. 最优货币区理论与中国—东盟区域货币合作[J]. 前沿,2004(3).

[92] 韩斌斌. 最优货币区理论与亚元的构想[J]. 广东商学院学报,2002(S2).

[93] 贾卓鹏,贺向明. 最优货币区理论与我国区域货币政策选择[J]. 上海金融学院学报,2004(3).

[94] 吴超,李素莲. 最优货币区理论与东亚货币合作的现实分析[J]. 黑龙江金融,2007(4).

[95] 梁隆斌,张华. 东亚货币一体化的要素流动性问题[J]. 重庆与世界,2010(11).

[96] 何美贤. 对亚洲货币一体化与人民币国际化的思考[J]. 时代金融,2006(7).

[97] 苏存. 非最优货币区、金融安全与金融调控的微观调节机制[J]. 金融研究,2004(9).

[98] 吴胜蓝. 东亚区域经济一体化进程中中国的选择:基于建立中国—东盟自贸区的思考[J]. 福建论坛(人文社会科学版),2011(6).

[99] 何海军."最优货币区"理论与亚洲区经济、货币一体化探析[J]. 华南理工大学学报(社会科学版),2003(2).

[100] 徐惠,孙健."最优货币区"理论在亚洲地区的现实意义[J]. 经济与管理研究,2001(4).

[101] 廖福英. CAFTA 框架下中越金融合作的最优货币区理论探讨[J]. 市场论坛,2008(11).

[102] 田素华. 北美自由贸易区货币一体化的前景[J]. 世界经济研究,1998(6).

[103] 刘强. 不同汇率制度下的货币政策、财政政策与最优货币区[J]. 财经问题研究, 2000(10).

[104] 姜波克,罗得志. 最优货币区理论综述兼述欧元、亚元问题[J]. 世界经济文汇,2002(1).

[105] 毕家新. 从最优货币区理论看中国:东盟统一货币区构建[J]. 区域金融研究,2009(8).

[106] 曾庆山. 中国—东盟货币一体化前景的政治经济学分析[J]. 经济与社会发展, 2005(9).

[107] 任伟,颜芳. 从最优货币区理论看中国东盟货币一体化前景[J]. 东南亚纵横,2006(5).

数据和统计资料来源

[1] 亚洲开发银行数据库:http://www. adb. org。

[2] 世贸组织数据库:http://www. intracen. org。

[3] 国务院发展研究中心信息网:国际货币基金组织(IMF)数据库,世界银行(World Bank)数据库,世界贸易组织(WTO)数据库,亚洲开发银行(ADB)数据,东南亚国家联盟(ASEAN)数据,欧元区(Euro Area)数据。http://172. 16. 9. 80:81/DRCNet. OLAP. BI/web/ChannelPage. aspx? channel = sjjjsjk。

[4] EPS 全球统计数据/分析平台:http://www. epsnet. com. cn。